"双高"建设背景下
高职院校产教融合研究

杨 莉 ◎ 著

吉林出版集团股份有限公司

图书在版编目（CIP）数据

"双高"建设背景下高职院校产教融合研究 / 杨莉
著. — 长春：吉林出版集团股份有限公司，2023.6
ISBN 978-7-5731-3784-5

Ⅰ．①双…　Ⅱ．①杨…　Ⅲ．①高等职业教育—产学合
作—研究—中国　Ⅳ．①G718.5

中国国家版本馆 CIP 数据核字（2023）第 117088 号

"双高"建设背景下高职院校产教融合研究

"SHUANGGAO"JIANSHE BEIJING XIA GAOZHI YUANXIAO CHANJIAO RONGHE YANJIU

著　　者　杨　莉

出版策划　崔文辉

责任编辑　孙骏骅

封面设计　文　一

出　　版　吉林出版集团股份有限公司

　　　　　（长春市福祉大路 5788 号，邮政编码：130118）

发　　行　吉林出版集团译文图书经营有限公司

　　　　　（http：//shop34896900.taobao.com）

电　　话　总编办：0431-81629909　营销部：0431-81629880/81629900

印　　刷　廊坊市广阳区九洲印刷厂

开　　本　710mm×1000mm　　1/16

字　　数　240 千字

印　　张　11.5

版　　次　2023 年 6 月第 1 版

印　　次　2023 年 6 月第 1 次印刷

书　　号　ISBN 978-7-5731-3784-5

定　　价　78.00 元

如发现印装质量问题，影响阅读，请与印刷厂联系调换。电话 0316-2803040

前　言

实践育人是高职院校人才培养的重要环节，也是区分高等职业教育与普通高等教育的关键指标。实训基地作为高职院校实践育人的主要场所，是培养学生职业技能、提升学生职业素养的载体，担负着高职院校大部分的实践教学任务，其重要性不言而喻。然而现阶段，高职院校实训基地普遍存在着重建设、轻管理的问题，远未达到以市场需求为导向培养高素质技术技能人才的目标。只有把教学与产业紧密联系在一起，将理论知识与生产实践紧密结合，让学生在学中做、做中学，实现真正意义上的产教融合，才能发挥实训基地的应有作用。

本书研究的主要内容可以概括为两个方面：一是从地方高校应用型人才培养和产教融合的基本概念着手，分析应用型人才培养和产教融合的内涵、特点、要求、发展轨迹，以及国内外产教融合开展情况，从而构筑起地方高校产教融合的基本理论。二是通过个案，深度剖析产教融合型实训基地建设情况，总结产教融合型实训基地建设的经验，为地方高校产教融合提出对策建议。

笔者从事高等职业教育管理及研究多年，一直关注产教融合、校企合作、工学结合、产学研合作，尤其在工匠精神备受鼓舞的时代，对实践育人更是深有体会。因此，将这些研究系统化集结成此书，希望能为高职院校实训基地的建设、管理及评价提供有益的参考，并请这一研究领域的专家学者们不吝赐教。同时，感谢为本书的出版做出努力的同事和朋友们，谢谢你们的支持与鼓励。

目　录

第一章 产教融合的理论基础

第一节 相关构想界定

一、产教融合

（一）产教融合的含义

产教融合作为一个新出现的构想目前尚无统一的定义，产教融合最早由高等职业院校提出，并且根据其人才培养特点提出，现在已经扩展到各个层次的教育之中。江苏无锡市技工学校之所以提出产教融合与其自身的发展探索密不可分，他们在办学过程中结合高职人才培养的特殊性和时效性对已有的教学方案和人才培养进行了专门的改革，该学校通过不断的改革与探索提出了一个重要的论断："千方百计寻求与生产实习紧密结合的产品，以提高学生的产教融合的水平意识、产品意识、时间观念及动手能力。"在调研中了解到，上面所提到的产品就是学生实习，虽然从范围和层次上来说这个相关构想所涉及的面比较狭窄，但这毕竟是中国职业教育第一次提出了产教融合这一全新的相关构想，产教融合非常符合时代发展要求和人才培养要求，已经逐渐成为各个层次人才培养中的重要环节。

在江苏无锡市技工学校提出产教融合这一相关构想之后，《中国职业技术教育》《中国劳动保障报》和教育报刊先后在不同版面中引用了产教融合这一说法，当时只是觉得这一说法比较具有前瞻性，但也未能明确其定义。从此开始，产教融合逐渐引起了教育界的关注，大家也纷纷探究到底该如何给产教融合运行一个完整的诠释。教育部曾在2011 年的《关于加快发展面向农村的职业教育的意见》中提出一个要求，就是要促进产教深度合作，这个时候产教融合才开始逐渐被国家教育部门所重视，在随后的教育改革和发展中，产教融合逐渐成为大家所关注的重点。产教融合的相关构想是一个从无到有、从模糊到具体的过程，这符合事物发展的一般规律，更加符合教育发展的规律。我国的一些学者对产教融合进行了专门的整理和研究，但是由于缺乏一手材料，所以研究所取得的成果非常有限，仅仅是从时间的顺序对产教融合的发展进行了简单的梳理。笔者为了深度研究我国产教融合发展的实践进行了大量的调研，调查了成果丰富的高校，也对理论进行了专门的研究，从而在前人的基础上取得了一些成果。在我国教育体系中，产教融合的两个主体是学校与产业行业，通过产学研一体化的深度合作，可以提高人才培养的产教融合的水平，从而实现双赢。传统的人才培养中学校也非常重视校企之间的合作与协同培养，但是校企合作的层次有限，无法实现深度的人才培养和发展。产教融合与校企合作的最大区别主要还是在于双方合作的程度，产教融合的形式多种多样，最核心的就是双方要形成稳定、高效、深层次的合作关系，通过提升人才培养的产教融合的水平促进企业发展和办学实力的提升。在调研中发现，有的产教融合助推校企双方建立新的实体创新人才培养模式，也有的产教融合侧重研发和学术升级。从调研的结果来看，不论哪种形式的产教融合最终都会提升学生的个人素养和就业能力，企业也因此获得了更多宝贵的人才，缩短了人才与企业之间的磨合期。最终所能产生的连锁效应会不断助推区域经济向前发展，从而实现共赢。产教融合让越来越多的用人单位和高校看到了机会和希望，其也非常愿意参与到其中，所以产教融合的发展也逐渐进入了快车道。

通过对历史资料、文献和调查结果进行分析可以发现，当前的产教融合主要指的是职业院校。但是，本研究对这一相关构想进行了扩展，把高校也纳入其中。这是因为国家层面越来越重视产教融合的发展，已经出台了相关的政策进行支持和帮助。回到产教融合的相关构想上来，传统的产教融合指的是职业院校把所开设的专业进行社会主义市场经济产业化发展，把产业发展的经验和技术引入教学之中，通过产业与教学之间的融会贯通强化学校和企业之间的合作关系，从而优化传统的办学模式。越来越多的高校也在探索产业引入专业，所以上述相关构想中的职业院校可以扩展为高等学校。但是职业院校和高等学校的产教融合又存在着比较大的差异，就是职业院校的产教融合进行得更加彻底和全面，也更容易获得企业的认同。高等学校在发展产教融合方面存在一定的弱势，这主要是不同层次的教育目标所导致的。

虽然职业院校在产教融合方面取得了比较好的成绩，但是不同地区、不同类型的职业院校存在着比较大的差异。在笔者的调研中发现，经济发达地区的产教融合发展得非常深入和全面，对地方经济的发展也有着重要的助推价值。大家也探索出了丰富的产教融合经验，这些经验具有比较强的地方性和产业性，要想大面积地复制和推广存在一定的困难。但是，笔者在对调研对象的经验进行抽象和提炼之后又总结出了本研究中的观点。

产教融合对于学生、学校、产业和社会来说是一个多方共赢的机制，尤其是对于学生来说，既能够提升专业能力又能够为以后立足社会提供保障。传统的职业院校虽然给学生提供了实习的条件和场所，但是由于各种条件的限制导致了实习缺乏针对性和激励性。产教融合中有大量的实习、实践机会，而且这种实践是经过专门设计的、有针对性的、与在校期间所学知识融会贯通的实践。传统的职业院校学生实践的一个很大弊端就是缺乏针对性，这导致了学生所学与所用之间无法实现无缝对接，而产教融合能够弥补传统实践存在的缺点。

产教融合的学生实践就是把课堂所学到的知识应用到实践之中，在课程设计上就存在着对应性，这是一个非常好的现象。产教融合会涉及每一门课程，从专业培养目标入手，学校与企业在充分合作的基础上共同制定培养目标以及课程标准。所涉及的骨干课程均是理论与实践高度相结合，这就可以让学生带着问题学知识，并且在实践中解决问题。形成了一个遇到问题、解决问题的良性循环。通过产教融合培养出来的学生，在动手能力和解决问题的能力方面具有更强的优势，他们可以更加灵活地对问题进行分析并且选择合理的方式进行解决。这种人才培养模式的改变还在很大程度上改善了学生的三观，从而培养出更多能够为建设社会主义服务的优秀人才。不仅如此，产教融合还会激发出学生创造、创新的愿望和热情，激励他们在实践中不断探索、不断创新，而这种创新意识、创新能力、创新人才的培养正是我们职业教育的办学方向。

产教融合不仅可以让企业参与其中，有条件的学校也可以自己创办企业，以学生为主体进行发展；学生在整个过程中可以取得一定的报酬，这客观上也为学生工读结合、勤工俭学创造了条件，还能够解决贫困学生的学费和生活费用问题，为精准扶贫提供支持和保障。

产教融合在更大层面上能够为助推地方经济发展提供专门的服务，因为我国的职业院校多为地方性的，其最主要的作用就是服务于地方经济发展。我国当前的职业教育是以就业为导向的教育,在社会主义市场经济制度之下主要以培养技能型人才为主要目标,技能型人才的特点非常明显,培养的是生产、建设、管理和服务第一线需要的高技能人才。这类人才具有鲜明的职业性、技能性、实用性等岗位特点,简单地说就是工作在第一线,懂技术、会操作、能管理的技术员。

产教融合的培养思路也正是在上述背景之下产生的,为了满足需求而改进相应的教育策略,这是我国教育不断改革、发展和完善的重要体现,也应当受到更加广泛的关注。产教融合的重要参与对象是企业,在融合的过程中要格外注重对企业需求的满足,只有充分调动企业的积极性和资源才能实现产教融合效果的最大化。调研显示,当前进行产教融合的企业多数为生产制造型企业,这对学校提出了新的要求,学校也应针对企业所需的产品与技术进行开发,以实现学校培养人才、研发产品和技术服务的三大功能。为使企业需求与学校教学无缝衔接,与技术发展方向合拍,就必须依靠和吸收企业技术骨干、学者专家参与培养目标的研讨、教学计划的制订。产教融合的基础是"产",即必须以真实的产品生产为前提,在这样的基础和氛围中进行专业实践教学,学生才能学到真本领,教师才能教出真水平。这样的"产"不能是单纯的工厂生产,必须与教学紧密结合,其目的是"教",在产教融合比较成熟的情况下,再逐步向"产、学、研"发展。学校真正形成了"产、学、研"的能力,适应了市场的需要,形成的发展能力就落到了实处,做强做优也就有了基础。

目前已经有的产教融合主要是根据学校和企业的情况双方进行深度融合,正如前面所提到的全社会还没有形成一套完整的、可以通用的经验。产教融合的发展实际上是经历了一段时间的摸索,学校和企业在探索中寻求最佳的解决途径。在产教融合中学校和企业始终坚持"双赢"原则,实施责任共担,这就形成了一种具有约束力的制度保证。一些比较主流的做法就是引入社会上管理和技术较为先进的企业,企业愿意加盟校企合作,通过利用该校的设备,进行产品生产,在生产过程中引入教学内容,校企共同制定产教融合的实施性教学生产计划,让教师学到技术,让学生加入生产,让生产产生效益,学校和企业共同发展,共生共荣。

改革开放至今,我国的社会主义市场经济也取得了非常大的进步,经济的进步和发展对我国的高等职业教育产生了具有深远意义的影响,这种影响包括:为我国高等职业教育提供了很好的校企合作环境、为高校毕业生提供了工作和实习场所,也为高校培养了大量的双师型教师。当然，经济的进步对职业教育的影响远不止如此，实际上中国经济产教融合水平的提升就是依靠人才素质的不断提升实现的。

在经济发展的大背景之下，应用型本科也应运而生，并且加入了高等职业教育的大家庭。在实践型人力资源理念的指导下，培养合格师资的任务将会更加艰巨。应用型本科要想实现发展目标就要提升校企合作的产教融合的水平、增加校企合作的数量。经济的发展和社会的进步对教育提出了更高的要求，这种要求主要体现在对人才产教融合水平的要求不断提高。应用型本科要能根据社会经济发展的需要灵活调整人才培养方案，提供可供经济社会发展需要的社会服务，并能开展科学技术研究，为相关行业提供前沿的技术指导，为社会经济的发展提供技术支持。总之，应用型高校要不断调整自身的发展适应经济发展的需要，并且争取成为经济发展的助推力量。正是基于此，在社会主义市场经济背景下，高等职业教育"产教融合"是一种产、学、研"三位一体"的融合模式，不仅具备教育和企业的多种功能，还具备随时应变产业结构调整和参与市场竞争的能力，是在学校、企业、行业以及社会相关部门的不同程度参与下形成的一种新的社会组织结构，肩负着助推高等职业教育改革和社会经济发展的重任。从这个角度来说，产教融合的发展在很大程度上会影响经济发展。

（二）产教融合的特点

产教融合在国内和国外经过了多年的发展取得了一些经验，在梳理国内外产教融合发展经验的基础上可以总结出其所具有的一些特点。通过文献梳理和国际经验对比可以发现德国的双元制、美国的合作教育模式以及英国的工读交替模式都非常值得学习。我国在产教融合方面也取得了一些成绩，早期的产教融合以校企合作的形式存在，其中几个典型模式分别是"学院＋创业中心区""专业＋大型企业""专业＋龙头企业＋企业联盟""专业＋校办企业""专业＋行业协会"等。上述五种模式都是职业院校结合当地经济发展而创造出来的，具备了初步的产教融合特征。

这些模式都不同程度地促进了高等职业教育的发展和产教融合的深入，但主要侧重于产、学结合，结合的内容没有达到"产教融合"的广度，也没有体现高等职业教育的高度和校企合作的深度，整体生态不能达到"产教融合"的效果，其成功经验也难以推广和复制。有研究曾经提出过"四位一体"技术平台的校企合作模型，其基本上具备了"产、学、研三位一体"的功能。但是，其研究仅限于职教集团背景下，难以适应社会主义市场经济发展变化的需要。研究的学校也仅限于职业教育的中专和专科层面，并没有将应用型本科纳入其中。为适应社会主义市场经济中产业结构的不断调整和变化，高等职业教育的"产教融合"必须是行业、产业、企业和专科以及应用型本科院校等多方主体活动特点的融合和体现，并具有新的特质和功能。

1. 立体式融合

社会主义市场经济追求的是多元化，产教融合服务于社会主义市场经济，所以其发展的路径也必然要受到社会主义市场经济的影响。产教融合在发展中也更加注重立体式的融合。立体式融合区别于平面融合，从融合的层次来说校企合作属于层次比较低的融合，也就是平面融合。产教融合是高层次的融合，可以说是立体式的融合，它打破了原有单一合作或双项合作的局限，在产、学、研三方面进行全面、深入的合作，融合后的组织结合了生产、教学和科研的特点，不仅自身是生产的主体，具有企业创造经济效益的功能，而且能提供产业发展需要的专业技术人才，为产业的可持续发展提供源源不断的智力支持。通过对比产教融合培养出来的人才与传统模式培养出来的人才，就可以发现二者存在着比较大的差异，产教融合模式下培养出来的人才具备更强的可持续发展能力。从另一个角度来说，企业的需求也能为学校的教育教学改革提供方向和目标，保证了高等职业教育能满足行业需要。融合的组织能科学配置内部资源并开展基础研究、应用研究和开发性研究，为产业发展提供有力的技术支持，为学校教育内容的更新提供最前沿的信息资源，保证了教育与时俱进。三者融合在一起，形成一个良性的循环体系，开展教学、科研、生产等服务活动，在促进内部发展的同时，不断向外辐射，发挥其更大的社会效应和作用。这种立体式的融合对于经济发展和社会进步都有着非常重要的助推价值，反过来也促进了教育的发展和进步。

2. 社会主义市场经济产业化发展的融合

社会主义市场经济产业化发展是指某种产业在社会主义市场经济条件下，以行业和企业的真实需要为导向、以实现效益为目标、依靠专业服务和产教融合的水平管理形成的系列化和品牌化的经营方式和组织结构，其基本特点是：面向市场、行业优势、规模经营、专业分工、相关行业配合、龙头带动、市场化运作。对于不符合市场需求的项目，要遵循市场进退机制，及时终止不必要的投入，避免产教融合运作过程中机制的片面性。所以，社会主义市场经济产业化发展的产教融合是一种面向市场需求的融合，在产、学、研三方面做大做强，分工合作，强强联合，能创造出良好的市场发展前景，具备其他组织无法复制的竞争优势，形成自己的品牌，在市场中具备核心竞争力，并且能形成一定的规模，带动其他合作项目不断深入开展，严格按照市场规律来开展活动。

3. 以企业需求为出发点

教育是以培养人才为主要目标的，早期的教育在人才培养中不是十分注重与企业之间的对接，产教融合在培养目标方面领先于传统的教育，产教融合的出发点是企业的需求。企业参与到人才培养的全过程之中，能够将自身的需求以最大化的形式表达出来，并且在课程设计中逐个满足。传统的高等职业教育产教融合实践过程中，搞形式、走过场、学校"一头热"的现象并不少见，每所高等职业院校在产教融合实践中都会遇到这种现象。通过分析可以发现，导致这种现象出现的原因很多，主要是双方在合作的早期并未找到能够让彼此共赢的路径。而很多企业在没有找到双方合作的需求点时就盲目开展形式上的校企合作，合作之前双方缺乏严谨的调研。

这样的产教融合违背了社会主义市场经济的需求寻向，不可能产生有益的效果。真正实现产教融合的组织，能够以企业、学校和相关合作部门的需求为前提，结合各种市场正在发生的变化，明确市场的供需状况，确定各自的实际需求，寻求利益结合点开展相关合作，在满足自身需求的同时，能为市场的供给和需求的均衡做出一定的贡献，并能根据供给和需求的均衡变化，调整自己的需求发展战略，这样不仅解决了合作的随意性、被迫性问题，也提高了合作双方的积极性与主动性。

4. 多主体管理的融合

产教融合就是一个重新确立组织主体地位的过程，也是在社会主义市场经济条件下产教融合活动获得法治保障的关键要素。以往很多的校企合作活动难以实现产教融合的关键原因，主要还是在于没有明确各个主体之间的权利和义务关系，关系的不明确导致了合作的问题，从而影响了校企合作的发展。产教融合的主体正在悄然之间发生着变化，已经从学校转移到了企业和行业，这种变化既与当前的社会发展有关，也与教育的进步有关。正是基于此，在有效的产教融合组织中，学校、企业、行业协会等分工合作、共同管理，在开展任何活动之前，都应明确各自的权利和义务，并对其后果承担最终的法律责任。这样可以让学校和合作单位在此项活动中的管理工作更为合法、有序，避免了产教融合管理工作的零乱性。

二、实践型人力资源

实践型人力资源是根据社会发展的需要而出现的新生事物，实践型人力资源主要是指能将专业的技能和专业的知识应用于所从事工作的一种具有更强动手能力的人才，实践型人力资源需要熟练掌握企业工作所需要的基础知识和基本技能，实践型人力资源主要是指一线从事操作的专业技术人才。主要从事一线生产的技术或专业人才，其具体内涵是随着高等教育历史的发展而不断发展的。总之，实践型人力资源是具有实际技能的人，是能把理论应用于实践的人才。实践型人力资源培养要以能力的培养为中心，突出培养每个学生的思考、掌握、应用知识的能力，以让学生未来适应社会的需要、适应经济发展为主要目标。地方工科院校中的实践型人力资源指的是实用型比较强的、大众化的、本科层次的技能人才。按照行业领域、学科专业、教育层次、岗位职位等不同的分类标准，可以将人才划分为不同的类型，我们把从事揭示事物发展客观规律的科学研究人员称为研究型人才，而把科学原理应用到社会实践并转化为产品的工作人员称为应用型人才。这种人才的能力体系也是以一线生产的实际需要为核心目标的，在能力培养中特别突出对基本知识的熟练掌握和灵活应用，比较而言，对于科研开发能力就没有了更高的要求。实践型人力资源的培养过程更强调与一线实践知识的传授的结合，更加重视实践性教学环节，如实验教学、生产实习等，通常将此作为学生贯通有关专业知识和集合有关专业技能的重要教学活动，而对于研究型人才培养模式中特别重视的毕业论文，一般就不会有过高的要求。实践型人力资源和其他人才相比，属于一种中间人才，既有一般人才应具有的理论知识，同时又必须有较强的理论技能，这样的要求是比较高的。

与其他类型人才培养模式相比较，实践型人力资源培养模式主要有以下特点：

第一，这种人才的知识结构是围绕着一线生产的实际需要加以设计的，在课程设置和教材建设等基本工作环节上，特别强调基础、成熟和适用的知识，而相对忽略对学科体系的强烈追求和对前沿性未知领域的高度关注。

第二，构架出一套完善的人才知识、思维、能力、素质全面发展的结构，优化专业教学计划，整合学科教学内容，为我国培养出更多、更出众的一专多能型实践型人才。同时，不同层次的实践型人力资源在培养定位上也是不同的。

总之，实践型人力资源主要是应用知识而非科学发现和创造新知，社会对这种人才有着广泛的需求，在社会工业化乃至信息化的过程中，社会对这种人才的需求占有较大比重，应该是大众化高等教育必须重视的人才培养模式，也正是这种巨大的人才需求，才为高等职业院校的发展提供了广阔的空间。这种人才同样需要经历一个复杂的培养过程，同样也能反映一所学校的办学水平。

此外，高等职业院校注重产教融合的水平和达到的高度的原则不仅体现在高等职业院校自身专业设置、教学层面、管理产教融合的水平等微观方面，还体现在高等职业院校在宏观上将产教融合办学模式提高到一定层次，提高为学生、行业企业、政府及社会经济发展服务的能力。同时，不能不顾实际，盲目地与企业合作，为了产教融合而产教融合。高等职业院校要避免片面追求合作行业企业的数量、合作的规模以及合作的速度等短视行为，应在保持自身优势资源、提高自身产教融合的水平的同时，注重提高与行业企业、商业协会以及培训机构等多方主体合作的产教融合的水平及合作的深度，注重与行业企业、商业协会等主体形成互利共赢，注重可持续和长远发展，注重兼顾社会效益和经济效益的合作关系。

三、产教融合生态圈

产教融合生态圈主要在于把产业、教育、社会发展等相关利益群体融合到一起，从而构建出一个全新的事物，即产教融合生态圈，这一生态圈的构建有利于助推整体教育水平的提升。

生态圈即生物圈，在整体生态中，不同物种在物质形态上以群体的形式共存于整体生态的大环境中，群体之间构成特定的关系链条，在这个圈内按一定的规划实现相互储存。产教融合生态圈是指高等院校以自身为主体，在地方政府的支持下，围绕地方产业经济发展，积极与地方工业园区开展深入的战略合作。地球上所有的生物与其环境的总和就构成了生物圈。生物圈是所有生物链的统称，它包含了生物链上所有生物、生态环境和生态系统等，又分为森林生态系统、草原生态系统和湿地生态系统等。生态圈具有可持续性、相对稳定和自动平衡等特性。产教融合生态圈的构建有利于教育水平的进步，需要多个部门的协同参与。通过政府部门的统筹参与，一方面为高校进行校企合作搭建平台，另一方面为企业参与校企合作出台更多鼓励政策。在此过程中，高校为地方区域经济发展提供智力驱动，企业为区域经济发展提供经济驱动。通过校企合作，高校人才培养产教融合的水平得以提高，学校抓住市场的脉搏，办学形成特色，同时也使更多的社会资源转化为教学资源；企业急需的实践型人力资源得到填补，企业经济效益得以提高；区域经济得到较好发展，地方政府经济实力得到较好提升；促使学校与企业开展更深入与全面的各种类型合作，构建一个稳定、持续和高效的合作关系，从而形成一个共生共赢的产教融合生态圈。

四、产教融合的构建原则

产教融合的发展已经逐渐由萌芽发展成了一个成熟的制度，产教融合制度包括了教育、经济、产业和社会发展制度，这些制度只有协同发展才能发挥最大的效应。成功的产教融合制度将构建政府、学校和社会三方新型合作与成长关系，通过这种协同促进形成政府对产教融合进行宏观管理、高校能够自主办学、社会广泛参与的全新产教融合格局，支持社会、行业、企业以资本、知识、技术、管理等要素参与举办职业教育，从而建立健全政府主导、社会参与、办学主体多元、办学形式多样、充满了蓬勃生机的高职教育办学体制，具备政府、行业、企业和高校等多方主体协同融合，推进校企全过程培养人才的特点。根据产教融合的特点，高校构建高校的大学生"双创"教育机制应遵循以下原则。

（一）多主体原则

产教融合需要多个主体参与其中，这个原则已经被证明为一个非常重要的原则。高校实施的大学生"双创"教育涉及政府、学校、行业与企业、学生、社会五大主体，他们在高校的大学生"双创"教育中承担着相应的职能，使"双创"教育参与到产教融合之中，助推产教融合向前发展。全社会要通过舆论的倡导和创业文化的弘扬，促进整个社会民众的心理意识、思想观念、行为准则、习惯以及价值观的转换。同时，让社会力量参与高校的大学生"双创"教育督导评估工作，形成全社会的推进合力。作为推进校企一体化协同育人模式的另一个执行主体，它们应该与高校对接，形成两个执行主体的合力。要改革校企共建的就业前实践的专门基地建设机制，从资金、设备、场地上为高职大学生创业实践提供硬件条件，使其在现代企业管理的真实环境中掌握社会主义市场经济运作的技术，在职业技能培养中同步培养创业素质。高职大学生要转换思想观念，提高"双创"教育在个人成长成才和促进就业及助推社会经济发展中作用的认识，将其内化为自觉行动。在高职教育产教融合中，注重培养产教融合的水平原则包括注重高等职业院校自身人才培养产教融合的水平和产教融合培养产教融合的水平，高等职业院校人才培养产教融合的水平影响着产教融合培养产教融合的水平。

第一，政府是高校的大学生"双创"教育的领导和管理主体。高校的大学生"双创"教育发展是否顺利很大程度上取决于政府的支持与助推。正是基于此，国家在宏观层面上政策引领、措施落实、监督和服务体系的搭建都是非常重要的。

第二，学校是高校大学生"双创"教育的执行主体。高校发挥着为社会提供创业创新人才的主导作用，承担了高校大学生"双创"教育最重要的职能。

第三，行业和企业是高校大学生"双创"教育的对接主体。具有创业创新素质的高端技能人才，将有力地提升生产力，助推产业创新和转型升级，提高企业的竞争力和效益，最终使行业和企业受益。

第四，学生是高校大学生"双创"教育的学习主体和受益主体。

第五，社会是高校大学生"双创"教育的参与主体和监督主体。

（二）自组织原则

产教融合的发展在探索时期主要是依靠学校和企业的自组织发展，在这样的发展过程中，自组织发展逐渐成为一种共识，自组织是指客观事物自身的结构化、有机化、有序化和系统化的过程。职业院校的大学生"双创"教育各实施主体开展高校大学生"双创"教育包含自组织行为，具有自组织演变的特性。政府只有在逐渐意识到产教融合发展需要进行调控的时候，这种自组织原则才逐渐被打破。在高职教育产教融合过程中运用产教融合的水平原则，用符合性、适用性及经济性三个层次去检验产教融合人才培养产教融合的水平情况。用符合性检验人才培养与市场用工需求间的匹配程度；用适用性检验所培养的人才是否适应行业企业相应岗位的具体工作；用经济性检验人才将创造的经济效益情况。在这里有必要论述高职院校发展的特点，主要有以下三个特点：

第一，职业院校的大学生"双创"教育具有开放性特点，创业能力培养要求突破以往教育体系的封闭性，与社会进行开放式互动教学。

第二，职业院校的大学生"双创"教育过程具有复杂性，涉及高校、行业、企业、不同的专业群和产业类型、规模大小、技术含量、管理方式等多种因素，在教学、科研、生产、管理、市场等多方资源相互作用下，各主体教育过程自组织机制同样具有复杂性和关联性，因而职业院校的大学生"双创"教育机制形式也应具备多样性，分类组织，分类指导，分类实施。

第三，高职创新高校大学生"双创"教育具有自发性特点，它处于经济社会发展的宏观环境之中，是动态开放的系统，各实施主体结构通过与外部环境的交换，获得自组织演化需要的各种资源和能量，然后通过组织内部各个要素的交互作用，获得自组织演化的核心能力，从而使高校的大学生"双创"教育机制能够自发调节、自我完善，实现从稳定到不稳定，再到稳定的连续有序发展。

（三）协同性原则

与自组织原则相对应的就是协同性原则，产教融合在探索阶段主要依靠的是自组织，随着发展的深入，各实施主体需要进行协同发展，因此，协同性原则便应运而生。我们要借鉴协同教育理念，探索政府、行业与用人单位和高校之间整体与部分、各要素或子系统间的协同作用，增强职业院校的产教融合多主体协同性。协同开展高校的产教融合的关键是协同五个主体尤其是政府、行业与企业，提升高校的产教融合的积极性、主动性。政府要完善法规政策，强化制度的约束力和系统的政策激励；高校要不断提升服务社会的能力，增强协同行业和企业全方位支持和参与其产教融合的吸引力，提供更多的合作桥梁和纽带；行业和企业要以人才培养为己任，突破仅限于学校主体资源要素利用的协同瓶颈，积极参与扶持校企协同开展高校的产教融合，为学校开展产教融合提供更多资源平台和合作空间；全社会要强化对高校的产教融合意义的宣传，提高全社会包括大学生对高校的产教融合的认知度和参与度。要协同目的、协同内容、协同资源、协同时间、协同各主体的责任和成果分担，从而构建政府有效宏观管理、行业与企业主动对接、社会广泛参与、学校主导、学生执行的职业院校的产教融合机制。

产教融合的水平是组织机构、体制机制等事物发展的根本前提和动力。在评价事物产教融合的水平时涉及符合性、适用性及经济性三个层面。高职教育人才培养与市场用工需求间存在较大差异的原因包括：一方面，广东省作为产业经济发展迅速、产业转型升级较快的地区，其技术技能更新迅速，行业企业对人才的要求是，不但要具备较高的技术技能，而且要具备不断学习和提升自身技术技能的能力。高等职业教育作为以育人为本的教育活动，培养周期较长，难以跟上行业企业的更新速度。另一方面，受社会文化及历史传统因素影响，高等职业院校的社会认可度不高，学生生源产教融合的水平不高。这在一定程度上导致学习的风气不浓，学生往往缺乏内在学习动力，高等职业院校人才培养产教融合的水平难以提高。但是，高等职业院校也只有提高教育教学产教融合的水平，提高毕业生社会影响力，才能提高自身社会地位，吸引行业企业参与，提高高职教育产教融合的合作深度。

（四）共享性原则

如今共享经济已经成为社会经济发展的重要组成部分，共享性原则也成为产教融合的重要原则。产教融合、产学合作开展高校的大学生"双创"教育，共同培育创新创业人才，国家、学校、行业与企业、学生都是受益者。要注意发挥市场对资源配置的作用，建立政府激励机制、互惠互利的动力机制、共生发展的利益分享机制，使各主体做到责任共担、利益共享，助推职业院校的大学生产教融合有序发展。产教融合是现代职业教育的重要特点，也是建设现代职业教育的非常重要的制度，从"产学融合"到"产教融合"，描述了我国产教融合向深度和广度发展的趋势，为创新职业院校的大学生"双创"教育机制提供宽广路径。

我国已有的相关职业教育法中曾提出：要建立健全适应社会主义市场经济发展需求的高等职业技术教育制度，市场性成为高职教育的天然和必然属性。同时，在一定程度上，高职教育人才培养是否具备"市场性"、是否符合市场发展需求成为评判高职教育教学产教融合水平的标准之一。明确国家相关部门、行业协会、大型职教集团、企事业单位在合作开展高校大学生"双创"教育中的主体地位，赋予它们参与管理的权利和责任。组织媒体宣传国家支持和鼓励创业的政策与对策，大力宣传开展高校大学生"双创"教育的先进典型，形成全社会尊重创业、认同创业、参与高校的大学生"双创"教育的意识，高校应在现有传统职业教育课程基础上，突出和强化大学生"双创"教育的理念和内容，以系统方法论为指导，以培养学生综合职业能力和可持续发展能力为培养目标，将高职课程划分为基于工作过程和基于社会生活两大部分。产教融合实质是教育与产业的融合，政府和市场是助推产教融合与学校和企业合作的两大基本力量。正是基于此，助推产教融合制度下的高校的大学生"双创"教育，要发挥政府的主导作用，尊重市场在学校和企业合作中起决定作用的规律。在组织领导体制建设上，要改变教育行政部门单一推行高校的大学生"双创"教育的管理制度和模式，借鉴国家多部委联合推进就业工作的领导体制，打破行政部门间壁垒，争取行业部门和政府部门的支持，自上而下建立产教融合推进高校的大学生"双创"教育相关部门协调联动的组织架构。专业教育与高校大学生"双创"教育的融合，是两种教育目标的融合，集知识教育与素质教育于一体，其契合点是学生创业素质和职业技能培养并重，建设和完善高校的大学生"双创"教育与专业教育融合一体化的课程体系具体如下：

一是构建基于社会生活的素质教育课程体系，完成通识教育，将高职目前以选修课形式出现的创业课程融入素质教育的公共课程之中，以学生职业岗位将面临的典型社会生活的问题、情景、事件、活动和矛盾为内容，开设生活通识与通用技能类课程、就业创业类课程、审美和人文类课程、身心健康类课程、思想政治类课程。

二是构建基于工作任务导向的专业课程体系，将创业要素融入专业课程目标，根据学生工作面临的典型工作任务的对象、工具、方法、组织和要求，开设公共平台课程和专业方向课程，从而形成包含高校大学生"双创"教育的素质教育与专业教育一体化的新型高职课程体系，最终达到提升学生综合职业能力和可持续发展的目的。学校和企业共建校内产学合作平台，一般都有学校和企业合作的背景，老师或企业带训人员都有创业实践经验。

高校的大学生"双创"教育实践教学只有根植于专业教育的实践，在专业实践中映射高校大学生"双创"教育，才能真正实现两种教育在实践环节的结合。要发挥市场在资源配置上的调节作用，引导学校和企业发现培养高校大学生"双创"教育合作的利益共同点，助推产教融合开展高校大学生"双创"教育从现在的感情机制向市场利益机制转变，从而建立长效合作机制，逐步使行业和企业成为实施高校大学生"双创"教育的另一个主体。

目前，校外专业实训平台需加强向高校大学生"双创"教育的渗透。当前高校均与企业签订合作育人协议，合作中的就业前实践的专门基地一般只作为学生短时间的就业前实践场所或以就业为目的的岗位实操场所，学生只能接触与专业技能相关的实训，学生创业实践无法在校外实训中落实。在构建高校大学生"双创"教育实践教学体系过程中，要改变传统的以高职第二课堂为主没有系统性的实践教学模式，以产教融合、学校和企业结合为依托，从行业、专业、地域特点出发，以培养具有扎实创业知识、较强创业实践能力和创新创业精神的创新型技能人才为目标，将人才培养与社会服务及产品设计开发紧密结合，将教学过程与项目实施过程融于一体，将学生的专业实践和创业实践融合，构建"一线三平台"学校和企业协同的高校大学生"双创"教育实践模式。"一线"是以岗位职业能力为主线，"三平台"是校内实训平台、学校和企业共建校内产学合作平台（企业驻校研发中心、教师工作室、学生创业工作室等）和校外实践平台三级平台，为学生优质就业、成功创业铺平道路。在校内实训平台建设中，要改变开设商业一条街、创业实践训练项目游离于学生专业实践单一的做法，不能将高校大学生"双创"教育活动简单与第二课堂活动画等号，要在第一课堂专业实践教学中增强创业实践活动与学生各自专业教育的关联性和相容性，将专业实践向创业实践延伸，创新人才培养模式。对于有创业意愿的学生，学校负责提供项目来源、教师技术指导和免费办公场所等支持建立创业工作室，挂牌后参照公司模式由学生独立运作。此外，基于市场性出发，高职教育产教融合的发展过程应是高等职业院校与行业企业等多元主体间资源的相互利用和相互依赖的过程。高等职业院校与行业企业等多元主体间应基于互补性稀缺资源，形成互利互惠、相互依赖、共同发展的良性动态互动关系。在产教融合制度下，政府应加强宏观管理，改革就业前实践的专门基地建设机制，改变创业孵化基地建设与高职就业前实践的专门基地建设两张皮的现象，鼓励行业龙头企业将最新技术和设备投到学校和企业共建的实训平台，同时担负起创业孵化平台的责任，使其既服务于产业链企业又服务于同类职业院校，既服务于高职的专业教育又服务于高职的高校的大学生"双创"教育，积极构建良性运转的区域性资源融合平台，创新就业前实践的专门基地投入方式，对行业企业投到实训平台的技术和设备给予适当经费奖励，完善健全产教融合培养具有创新创业素质的高端技能型人才机制。产教融合、学校和企业协同建立高校大学生"双创"教育与专业教育融合的校外实践平台，是高校开展高校大学生"双创"教育的重要保障机制。在推行项目教学、案例教学、工作过程导向教学等模式中，培养学生的创新创业素质和创业技能。正是基于此，要推进学校和企业全过程培养人才，创新岗位实操方式，高校在与企业签订就业前实践合作协议时要与企业共同制订完善的培养计划，注重利用企业资源，增加学生企业经营运作的知识和技能，明确培养学生创业素质的路径和实施办法，确保学生在获取职业实践经验的同时，同步提升创业素质。学校和企业要协同完善各平台对工作任务或项目实施的规范、监督和信息反馈与评价的机制，实现人才培养模式的升级。正是基于此，高等职业院校应在行业企业等多元主体利用和依赖高等职业院校设备与学生等优势资源的同时，对企业、商业协会等的优势资源加以利用，如借助第三方机构分析劳动力市场人才需求情况、高等职业院校人才与市场需求间匹配情况，预测未来人才需求情况，实现产教融合的水平和达到的高度的提高，实现合作关系的持久开展，实现"产""教"的共同发展。

目前，以高校的创业中心为主要依托，已重点建设一批"高校学生科技创业实习基地"、省市级大学生创业实习和孵化基地。高等学校也陆续建立大学生创业实习或孵化基地，但还处于起步阶段。这些基地的建设以政府和高校自身投入为主，还没有形成行业和企业参与的机制，产教融合度低，基地的辐射示范作用发挥不充分。作为高职教育产教融合合作主体之一的行业企业受诸多主客观因素的影响，包括行业企业内产品生产和社会服务，政府相关政策法规的不完善等因素影响，企业参与产教融合热情不高。为吸引企业的参与，高等职业院校需主动与行业企业靠近，在改善自身人才培养产教融合的水平的基础上，争取提高企业参与高等职业院校产教融合的积极性和主动性，承担更高的产教融合潜在风险，承担更多的产教融合任务和职责。地方政府要进一步加强对高校的经费投入，继续加大高等职业院校的大学生"双创"教育建设力度，高校应有针对性地建立学校和企业一体的专业和创业实验就业前实践的专门基地，引进模拟实训软件，成立模拟公司，为学生参与创业实践提供根本保障。

毋庸置疑，高职教育的发展与产业经济的发展密切相关，高职教育的发展源于经济社会的发展需求，又助推着经济社会的前进与发展。当前，我国实行社会主义市场经济，要求高职教育的人才培养活动置身于市场环境中。同时，高职教育作为一种教育类型，应保持自身的相对独立性和特殊性，确保所培养的毕业生是具备创造价值的专业人才，这不仅直接关系到毕业生能否符合市场需要、能否为企业创造价值、能否促成产教融合的持续发展，也关系到毕业生就业情况及职业生涯发展状况以及高等职业院校自身的生存状态与发展前景。

第二节　产教融合的相关理论

一、杜威的从做中学理论

美国教育学家杜威在教学的过程中会把教学的过程看作是一个"做的过程"。他认为：人们"做"的兴趣和冲动都是以人为主体的。人们对知识经验的来源基本上基于主体与客体经验的总结。正是基于此，他强调学校在教育的过程中应该设置成类似于雏形社会的地方，即开设好各类工厂、实验室、农场、厨房等，让学生们能够在学校这个"小型社会"环境之中学习好自己所感兴趣的专业和课程。为此，他还提出了在教学的过程中要安排和编创好实践生产场景的教学方式，即在场景教学之中，激发好学生们的创造性思维，根据资料策略从场景活动中入手，解决好学生们在场景活动中所遇见的问题。这就是杜威所提出来的"从做中学"的教学理论。从杜威对整个教学的主张来看：他主张学生们需要在学校里获得生活和工作中的全部知识，他的这种教学理论对当时社会教育来说具有很好的创新性，缺点是在其开展的过程中有一定的局限性。但在对地方工科院校产教融合培养实践型人力资源的研究中，产教的深度融合需要真正把产业与教学对接，强调了"做"与"学"相结合的重要性，工科型地方类院校在实践型人力资源的培养上要把理论与实际对接，加强实践、加强学生动手能力。杜威的"从做中学"理论贯彻了从做中学、从经验中学，要求以活动性、经验性的主动作业来取代传统书本式教材的统治地位。他的"从做中学"理论对我国教育中的管理理念、师生关系、教学方法、教学的评估方式等都具有非常深远的影响。

杜威以"教育即生活""教育即生长""教育即经验的改造"为依据，对知与行的关系进行了论述，并提出了举世闻名的"从做中学"的理论。其理论实质就是要加强对学生实际操作能力的培养，培养学生探究和解决问题的能力，培养学生从事和适应实际工作的能力，这也是我国高等职业教育所需要的一种理论，一种既定的培养目标。杜威从他的哲学观——实用主义哲学观出发，主张"实用"，并把它引入教育，形成了实用主义教育哲学。他主张学生亲历探究过程，建立与真实世界的联系，实现学生从一个被动的观察者到一个积极的实践者的转化，学生通过自己的活动，逐步形成对世界的认识，充分体现学与做的结合。

杜威认为，人类获得解决问题探究能力才是最重要的，而这种能力的培养应该通过科学方法的训练来获得。同时，他认为，教学活动的要素与科学思维的要素应当相同，并由此提出了相应的"思维五步"或"问题五步"教学，具体包括：其一，学生要有一个真实的经验情境，要有一个对活动本身感兴趣的连续的活动，即要有一个能实现"做"的情境；其二，在这个情境内部产生一个真实的问题，并作为思维的刺激物，即要有一个可"做"的内容；其三，学生要占有知识资料，从事必要的观察以对付这个问题，即要有一个实现"做"的必要支撑；其四，学生必须负责一步一步地展开他所想出的解决问题的方法，即要有一个完整的"做"的过程；其五，他要有机会通过运用来检验他的想法，使这些想法意义明确，并且让他自己去发现它们是否有效，即有一个针对"做"的结果的检验。这里的"五步"教学表面上看完全是一个学生"做"的过程，但在"做"的过程中却是对"学"的积累。高等职业教育旨在培养生产、服务与管理第一线的高素质技能型专门人才，就是在基层岗位和工作现场做实事、干实务、实践性很强的实用型人才，也就是专门面向"一线"的高等技术应用型专门人才。而这种"一线人才"，不是单单依靠学历教育在学校里就能培养出来的，他们必须也只有在生产和工作的实践中获得能力、提高能力。正是基于此，高等职业教育应更注重有效培养学生的职业能力，在教学过程中强调与实践相结合，实现学生的"做"，从而完成学生的"学"，以提高学生适应职业岗位能力的要求，缩短从学校教育到实际工作岗位的距离。

结合杜威的"思维五步"，不难看出，"从做中学"理论在高等职业教育教学中的应用，具体体现在师生关系的准确定位以及教学方法的合理运用上。实施"从做中学"初期，常常会出现一个角色误区，认为教师是"做"的准备者，即为学生准备好所有资料和设备，而在学生真正"做"的时候，教师也不过是个旁观者。如果以这样的态度处理"从做中学"，其结果便是学生盲目地"做"，却谈不上"学"，强调"从做中学"，并不是对教师的忽视，无论把课堂搬到实验室还是工厂，无论教学中采取什么方法，都不能缺少的一个人就是教师。只不过此时的教师不再是"一言堂"的主人，而是一个"方向标"。他的具体作用有三个，具体如下：

第一，为学生营造一个真实的经验情境，并提出一个能引发学生兴趣的问题。

第二，是在学生实际"做"的过程中出现错误、疑惑、困难、有所发现、有争论时进行有目的、富于智慧的引导，当学生有操作经验之后进行提炼、总结，等等。否则学生的操作可能是无效或低效的。

第三，给学生创造一个可以检验其"做"的结果的机会。"从做中学"理论的中心是学习者本身，是学习者通过"做"形成"思"，最终实现"学"，是学生通过自己的努力获取知识与培养能力的过程。在这个过程中，既少不了教师这根指挥棒的引导，更少不了学生自身的操作与思考，学生只有通过实际的动手与动脑，对问题进行分析处理，才能在"做"中体会知识的运用。

随着我国高等职业教育的发展，教学方法越来越注重其实践性，强调与社会相结合，与用人单位的需求相结合，突出学生实际动手能力的培养，但无论采取什么样的教学方法，在其具体运用的时候依旧落点到"教与学"上。

传统观念认为，所谓"教"，就是教师站在讲台前，通过语言、行为，再配合教具、多媒体课件等手段展示教学内容，而"学"就是学生坐在教室里去听，去看，去写。在这个观念的理解中，非得处于关系上位的教师做出教授、告知的行为才是"教"，否则教师就会被认为是偷懒，不负责任。这是过于关注"教"的行为表现。至于教师"教"的行为对学生的"学"是否有实际的效果就不在研究范围了。而"从做中学"却是对"教"的另一种更为人性化的诠释，"从做中学"绝不意味着让学生"做"就行，而是必须在教师指导下富有意义地"做"与"思"，这其实是把"教"的过程融入实际的情境中，教师在学生"做"的情境中"教"，要达成"做"以成"思"，"思"建立在平等与对等的关系上，平等的价值高于对等，没有平等就无法谈及对等，平等是对等的前提。

二、陶行知的教学做合一理论

我国著名教育家陶行知先生具有美国留学的经历，在留学过程中师从杜威、克伯屈等美国最具影响力的教育学家。他在回国之后，便积极地将其在美国所学习到的先进的教育思想与中国当时的国情结合起来进行教育工作。终于在1926年，陶行知先生开创了自己的生活教育理论。陶行知先生提出了三大教育理论，即"生活即教育""社会即学校""教学做合一"的教育理论。而"生活即教育"则是重中之重。在陶行知先生看来，教育如果脱离了生活，那么教育就是死的，没有生活作为中心的学校教育是一种死的教育。他的生活教育理论在当时中国社会中的反传统与反对旧教育中具有非常重要的意义和作用。他的"教学做合一"理论深刻地批判了旧社会教育中所存在的不足之处，同时给出了相应的具体的解决问题的办法和方式。这种教学理念的改革和践行对于当时的社会来说具有非常好的作用。同时，他还强调，教学应该同实际的生活方式结合起来，这就需要教师们运用好新的教学方式，根据学的方法来进行教学。教与学都应该以做为中心，做才能够让学生们获得全面的知识能力。陶行知先生的理论基础，在以市场需求为导向的产教融合培养学生的模式下同样适用。"生活即教育"用五个字明晰地体现出了知识结构与市场以及社会发展同步的理念。对当今部分地方工科院校的应届毕业生出现综合素质能力低下、职业意识缺乏、动手能力比较差的现象，解决办法是：在借鉴陶行知先生理论基础之上，使学校所传授的知识能够适应社会经济发展的需求。

"生活即教育""社会即学校"和"教学做合一"是陶行知生活教育理论的三个基本命题，研究者对这三个命题的历史流变一直缺乏较为系统的研究。作为生活教育理论的方法论，"教学做合一"在生活教育理论体系中居于重要位置。"教学做合一"作为陶行知生活教育理论的重要命题和方法论，大致经历了以下四个阶段。

（一）萌芽期（1917—1925年）

1917年，陶行知自美国回国后在南京高师担任教育科主任，他敏锐地看到国内学校里"先生只管教，学生只管受教"的情形，提出要将"教授法"改为"教学法"，但未能通过。1919年，陶行知发表《教学合一》一文，主张教的法子要根据学的法子。五四运动，南京高师同事无暇坚持反对，陶行知就将教授法全部改为教学法，这是"教学做合一"的起源。"教学合一思想"正是基于当时教育界力图纠正忽视学生主体地位和实际生活需要的教授法背景下提出的。

随着欧美教育思潮逐渐进入中国，以儿童活动为本位的各种新教学方法，如设计教学法、道尔顿制等相继传入，并于20世纪20年代初期在我国学校正式试行。这些新教学方法更关注学生的兴趣和活动，一经试行就引起较大轰动。但深入试行后，人们逐渐认识到，这些新的教学方法不仅没有充分考虑中国的现实状况，其缺陷也日渐暴露，如设计教学法虽和实际生活接近，但计划是教师设计出来，有时与学生生活无关，且偏离了系统知识传授；道尔顿制下的学生虽然较为自由，却过于看重书本，与学生实际生活依然无关。陶行知认为这是由"老八股"变为"洋八股"，同样是"教育自教育，生活自生活，依然渺不相关"，教学方法改革脱离了中国现实状况。基于这种情况，陶行知把"做"引入"教学合一"，主张事情怎样做就怎样学，怎样学就怎样教；教的法子要根据学的法子，学的法子要根据做的法子。此时，"教学做合一"的理论已经成立，但是名字尚未出现。直到1925年陶行知去南开大学演讲后，张伯苓先生建议改为学做合一后，才豁然开朗，直称"教学做合一"。名称的提出，标志着"教学做合一"的萌芽。

（二）形成期（1926—1938年）

1926年，陶行知在《中国师范教育建设论》《试验乡村师范学校答问》中对"教学做合一"理论做了系统阐释。1927年3月15日，晓庄师范正式成立，校训就是"教学做合一"五个字。7月2日，陶行知针对有些同志仍不明了校训的意义，就做了《教学做合一》的演讲并形成专文，"教学做合一"思想真正确立。在"教学做合一"校训的指引下，陶行知特别注重"做"，强调事情怎样做就怎样学，怎样学就怎样教；晓庄师范明确指出"本校只有指导员而无教师"，强调学生的"做"和师生间共教共学；晓庄师范不是教师按照班级授课，而是代之以"院务教学做""农事教学做"等。晓庄师范时期的"教学做合一"虽已不同于"从做中学"，但仍有一丝相似之处和"背叛不彻底的地方"。

（三）发展期（1939—1946年）

1939年7月20日，育才学校在重庆诞生。经过二期的实践，育才学校时期的"教学做合一"较之晓庄师范时期又增添了新的内涵，并与杜威的"从做中学"彻底脱离。这具体表现为：注重集体生活，指出学生要在集体中自治、探索和创造，追求真理以及产生新价值；要求学生兼具基本技能和基础知识。育才学校的课程安排有普通课和特修课。普通课的目的在于学生需要掌握国文、外国文、数学和科学方法这四把掌握现代科学、开发现代文明的"钥匙"，特修课分为文学、音乐、戏剧、绘画、自然以及社会六组，目的在于给予特殊才能的儿童以特殊营养。通过普通和特修"二者起统一的作用以奠定儿童深造之基础"；育才学校十分重视教师的作用，聘请了各行业的专家担任各个专业组主任，加强对学生的指导；育才学校不再完全否定班级授课制，认为"国文、数学、外国文三样，在初期按程度分班级上课最为经济"，并为师生订立《公约》以维持学校教学秩序；育才学校还要求课堂教育与社会活动有机结合起来。学校学生"按年龄大小与工作经验之配合，混合组成若干社会服务队，专司附近村落社会服务"。学生通过对外的社会服务活动实现了在"做"上学，在"做"上教。1946年，陶行知先生逝世，他的"教学做合一"理论得到了广泛的认可。

（四）运用期（1985年至今）

1985年后，随着《中共中央关于教育体制改革的决定》的颁布，关于陶行知研究进入一个新的阶段，"教学做合一"被广泛运用于课堂教学、培养师资等各种教育教学的实践领域。

自1985年以来，"教学做合一"的研究取向主要呈现以下几个特点：

第一，偏重"教学做合一"的实践运用，对其理论探讨略显薄弱。研究者大都认同

"教学做合一"的优点和重大价值，而将其广泛运用于师范生培养、幼儿道德能力培养、课堂教学改革、学科教学、高职高专教育教学改革等方面。其中"教学做合一"的理论运用从 2007 年开始更为凸显，而伴随着 2011 年陶行知诞辰 120 年纪念活动的举行，"教学做合一"得到比较广泛的运用。

第二，一线教育工作者成为关注、探讨和运用"教学做合一"的主体。随着"教学做合一"的教学实践运用价值被大多数理论工作者认可，不少一线教育工作者开始结合自己的教学工作积极参与"教学做合一"的实践研究。

第三，研究者对"教学做合一"的理论探讨呈现出新的特点，或是对"教学做合一"的理论内涵进行合理阐释，或是在实践运用中形成和丰富自己对"教学做合一"的进一步理解。

"教学做合一"作为一种教学方法，陶行知把它深深根植于具体的环境中，并辅以相适应的课程和相匹配的教材，试图实现方法和内容的有机统一。如在育才学校时期，结合培养特殊才能的人才目标，"教学做合一"方法辅以六种小组，并开设了不同的课程，通过内容和方法的有机结合发挥了"教学做合一"的无限活力。教学方法的改革必须与环境、课程、教材等相配合，否则就割裂了方法和内容的有机统一。我们应充分强调目前学校教学方法改革要与环境、课程、教材等相配合的价值取向。教学方法改革必须密切结合具体环境，配套相应课程、教材等，否则只能是无源之水，在实践中不会发挥长远作用。

三、福斯特的产学合作理论

英国教育学家福斯特在现代产学合作中具有非常重要的代表价值，他的产学合作理念对教育界的发展来说具有很高的战略性。福斯特认为，当前许多职业教育计划难以实现都是因为受训者缺乏必要的基础理论知识与基础技能知识。正是基于此，福斯特认为，产学合作的过程中应该首先从课程职业化设计出发，以理论基础为切入点，最终搭建就业化平台。同时，职业院校中中、低级人才的培养应该注重走"产学融合"的道路。正是基于此，学校在开展各种职业培训计划的过程中应该从以下几个方面进行培养和改造：

第一，要控制好地方工科院校发展的规模，拓展学生能力的基础上要结合社会经济发展的现实状况。

第二，要改革好地方工科院校的课程内容，多设置一些工读交替的"三明治"课程。

第三，要控制好地方工科院校中生源的比例，有可能的话让在职人员成为地方工科院校生源的主要来源渠道之一。福斯特产学合作的理论对包括中国在内的发展中国家的教育来说具有很好的借鉴作用。

福斯特是国际职业教育理论界深具影响力的著名学者，致力于职业教育理论的研究。他早年毕业于伦敦大学经济学院，曾经担任过美国芝加哥大学教育学和社会学教授、比较教育中心主任，澳大利亚麦夸里大学教育学教授兼院长，美国纽约州立大学教育学和社会学教授。福斯特以他的《职业学校发展规划中的谬误》一文而闻名于世。此文发表于1965年，其许多关于职教发展的重要思想即包含在此文中。福斯特职教思想的许多观点成为当今指导各国职教发展政策性文件的重要组成部分。20世纪60年代，正是西方"发展经济学"盛行时期。这一理论提出：发展中国家的经济增长"可以让政府去发挥主要作用"；可采用"集中的、非面向市场的计划模式"。受其影响，当时教育理论界有人提出了"人力资源说"，即主张学校可以根据政府的经济发展计划和"长期性的人力预测"来提供一定数量训练有素的人力储备为经济发展服务。在教育发展战略上，这一学派主张发展中国家通过重点投资学校形态的职业教育和在普通学校课程中渗入职教内容来促进经济发展。人力资源说在当时得到了包括联合国教科文组织和世界银行在内的一些国际组织的支持，成为当时发展中国家教育与经济发展的指导理论。这一学派的观点以当时英国经济学家巴洛夫为代表。针对巴洛夫的主流派理论，作为长期致力于发展中国家教育理论研究的专家福斯特，以他多年来的研究成果为依据，写下了《职业学校发展规划中的谬误》这一名作，从教育发展的一些根本问题上系统地阐述了他的职教思想，提出了许多与巴洛夫为首的主流派不同的观点，从而在职教理论界引发了一场长达1/4世纪的大论战。最后，福斯特由少数派成为职业教育界最有影响的人物。福斯特的职业教育思想反映在《职业学校发展规划中的谬误》这篇名作以及他以后发表的文章中，我们可对其主要思想和观点进行以下概括：

（1）职业教育必须以劳动力就业市场的需求为出发点

福斯特认为，受训者在劳动力市场中的就业机会和就业后的发展前景，是职业教育发展的最关键因素。正是基于此，职业教育的发展必须以劳动力就业市场的实际需求为出发点。

（2）"技术浪费"应成为职教计划评估中的一项重要内容

福斯特注意到，许多发展中国家的职教毕业生的就业岗位与其所受的专业训练不一致，他从而提出了职教中的"技术浪费"问题。他认为"技术浪费"通常是以下三个方面的原因造成的：一是国家为促进经济发展提前培训某类人才，但现有经济并不能利用和消化这些人才；二是市场需要这些人才，但他们被安排到与训练不相关的职位，所用非所学；三是市场需要这类人才，但职业前景和职业报酬不理想导致职业教育毕业生选择了与培训无关的职业。对这种"技术浪费"，资源缺乏的发展中国家应足够重视，把它纳入职业教育计划评估，并作为其中的一项重要内容。他还认为尽管"技术浪费"现象在发达国家也存在，但在发展中国家更严重，而由于发展中国家的资源更加有限，所以，这种"浪费"更应该加以足够的重视。

（3）职业化的学校课程既不能决定学生的职业志愿也不能解决其失业问题

以巴洛夫为首的主流派认为，通过学校课程的职业化可引导学生的职业志愿，从而避免学生不切实际的就业愿望，减少失业。福斯特认为，学生的职业志愿更多地由个人对经济交换部门的就业机会的看法决定，学校课程本身对这一选择过程并无多大的影响；失业的原因并不简单是学校课程上的缺陷，很大程度上是劳动力市场对受训者缺乏实际需求。

（4）基于简单预测的"人力规划"不能成为职业教育发展的依据

20世纪60年代是"人力规划"最时兴的时期，大规模人力预测成果作为各级各类教育与人才培养的依据，对职业教育的影响尤为突出。福斯特对此持批评态度。首先，他对人力预测的准确性表示怀疑，他认为"经济交换部门的增长率是很难准确估计的"。其次，他对人力规划的后果表示担忧，因为，一旦经济增长率不足以吸收和消化人力规划所培养的人才，不仅会造成人力和物力浪费，还会加重社会上的失业状况。应当指出的是，在计划经济下大规模计划是行不通的，但与实际发展密切相关的小规模的培训计划还是应提倡的，福斯特反对的是那种脱离市场的"大规模的"人力规划，他支持那种"与实际发展密切相关的""小规模的"职业教育计划。这也是他所强调的"职业教育发展必须以劳动力就业市场的实际需求为出发点"。

（5）职业学校谬误论

巴洛夫等主张发展中国家用职业学校培养初、中级人才。福斯特从职校体制内部指出"学校形态"职业教育办学方式的局限性和一些自身难以克服的缺陷，具体包括：职校办学成本高；培训设备很难跟上现实要求；发展中国家职业学校学生不甘于放弃升学的希望，把职业教育课程作为升学的奠基石，学生期望与职业教育规划者志愿相悖；学校所设课程往往与就业岗位所需经验格格不入，所学技能往往与现实职业要求不符，职业培训与职业工作情景不相关；不易找到合适的师资等。另外，职校的学制较长，一般要三年左右，不能对劳动力市场做出迅速而灵活的反应。正是由于以上原因，福斯特认为，学校本位的职业教育最终难免失败的命运。正是基于此，就结果而言，职业学校只能是一种"谬误"。

（6）职业教育的重点是非正规的在职培训

"企业本位"的职业培训优于学校本位的职业教育。福斯特认为，发展企业本位的在职培训计划要比发展正规的职校"更加经济""更少浪费"。因为企业比职校更了解培训"产品"的标准和要求，而且企业有提供在职培训的良好条件。

（7）倡导"产学合作"的办学形式

福斯特认为，职校在人才培养上有规模效益，但鉴于职校本身一些难以克服的缺陷，必须对职校进行改造。最重要的措施是走产学合作的道路。如改革课程形式，多设工读交替的"三明治"课程；实践课尽量在企业进行，缩小正规学校职教与实际工作情景之间的距离等。另外，在生源方面，可招收在职人员。总之，职业教育和培训逐渐从学校本位走向产学合作。

（8）职教与普教的关系是互补关系而非替代关系

福斯特指出，成功的职教需要成功的普教做基础。随着社会生产力水平的提高，生产过程要求人才具有更为深厚的文化基础知识。学生具备扎实的文化基础也有助于提高其以后的继续教育能力和职业转换能力。正是基于此，要在扎实的普教基础上开展职业教育。

（9）反对"普通教育职业化"

巴洛夫主张除大力发展职业学校外，还要在普通学校增设职业课程，实现"普通教育职业化"。福斯特认为在发展中国家不应采用这种形式的职业教育。他认为，"普通教育职业化"既达不到普教的目的，也达不到职教的目的。

（10）农村职业教育要点

福斯特非常重视农村职业教育，对此提出以下主要观点：

第一，农村职业教育的对象是农民而非学生。

第二，农村职业教育的主要任务是向农民推广生产知识、新技术。

第三，农村职业教育必须注意农民的求知积极性：农民非常注重实际，只有当他们看到科技带来的实际收益时，才会有学习的意愿，农村职业教育只有与当地发展和农民收益直接相关，才有可能获得成功。

福斯特长期从事职业教育理论研究，并在大量调查研究的基础上提出其职教思想，有着坚实的理论和实践基础。虽然福斯特职教思想主要产生于20世纪60年代中期，但其中的许多观点今天来看仍然具有强大的生命力。如职业教育必须以劳动力就业市场的需求为出发点、基于简单预测的人力规划不能成为职教发展的依据、要在扎实的普教基础上开展职业教育与培训等，被证明依然符合当前职教发展的实际。特别是福斯特认为，"对职业学校进行改造，走产学结合的办学道路"，更是一种先进的战略定位，因为职业教育不同于研究型的高等教育，它不需要太多的超前理论，而是更多地注重于实践知识的传授，技能重于研究，动手操作重于理论思维。所以，注重"产学合作"，加强对职业学校学生动手能力的培养是一个永恒的主题，也是当前世界范围内对职业教育的一个主流认识。福斯特职教理论主要是基于当时非洲几个发展中国家职业教育发展的实践得出的，难免有其局限性。其局限性的核心是几乎全盘否定了"学校形态"的职业教育。福斯特对学校本位的职教持否定态度，显然是不符合我国的现实状况的，这一点已无须怀疑。学校本位的职业教育作为我国教育的一种基本形式，已被职业教育法的形式规定，在现实中，职业学校仍然是我国职业教育中的办学主体。学校形态职业教育有其难以取代的优势，除了有人才培养的规模优势外，关键是在培养学生的文化基础、人文素质等方面是其他形式的职教不可比拟的。即使在发达国家，学校形态的职业教育仍是当今职业教育的主流。虽然，学校形态的职业教育有其局限性和一些缺陷，但是通过改革办学形式、课程体系、教学方式等手段可以加以弥补。再者，在多元化的社会，不同国家和同一个国家的不同地区，人们对职业教育的需求也是多方面的，应该提倡多元化的职业教育办学形式。

第三节　产教融合的功能与作用

产教融合是高等职业教育服务地方社会发展的本质要求，是学校与区域内相关行业、企业在人才培养、技术研究与升级和成果转化中密切合作、相互支持、相互促进，把学校办成集人才培养、科学研究、科技服务为一体的产业性经营实体，形成学校与企业浑然一体的办学模式。产教融合中的"产"可以理解为"生产"或是"学做"，是实践教育的重要形态；"教"是教育教学，泛指实践教学活动及内容；"融合"则是对两者交互的要求，是"生产性学习"与"学习性生产"、"生产性教学"与"教学性生产"的有机结合，这是理论与实践结合的根本要求。

产教融合就是将生产与教育有机结合起来，实现理论知识的传授与实践知识的传授的有机协调与融合，提高实践能力。通过产教融合、校企合作，能够为学生在理论学习之余，提供更多的实践机会，培养学生的岗位能力和实践水平。产教融合将企业、学校、社会组织等结合起来，进行资源整合与优化配置，实现取长补短、优势互补，提高教师素质。产教融合对高校教师提出了新的要求和挑战，高校教师只有不断自我提升才能适应产教融合的教学要求。正是基于此，产教融合对提高教师产教融合的水平大有裨益，助推教学改革。产教融合是高职教育的新形式和新思路，是对高职教育的一种创新。在对产教融合教学模式进行探索与发展的过程中，高校的课程设置、教学内容、评价方式等都面临着调整和变革，进而助推高职教育改革的深入。产教融合的根本任务是通过创新教育形式、整合教育教学的资源、提高教育产教融合的水平，达到提高学生岗位技能和实践能力、满足社会的需要的目的。同时，产教融合有利于企业的技术革新和生产水平和效率提升，促进企业的高速和高质量发展。由此可见，产教融合是实现学校和企业共同发展、全面提升的重要手段和有效途径，是高校教育价值、社会价值和经济价值的集中体现。产教融合促使高校按照企业的需求培养人才，并将理论学习与实践知识的传授和科学研究结合起来，为企业发展提供强有力的人才支持和智力支持，提升我国企业的综合实力，促进社会主义市场经济的高速和高质量发展。

一、有利于专业定位和建设

企业和高校紧密合作，当社会经济发展的路径发生变化时，企业能够第一时间感知到，企业将所需要的人才培养标准及时传达给高校，高校及时做出响应，使专业定位始终跟上时代的步伐。从教育方面看，近一段时期以来，我国职业教育的一大特色是以职业学校为主体培养初入职的技术技能人才，经济领域行业企业相对脱离于人才的正规职业准备教育，出现了职业院校对产教融合、校企合作共同育人和研发的需求格外强烈，然而困难也格外多的情景。企业拥有丰富的技术能手，对于行业需要的人才定位比较清楚，能够给专业定位和学科发展把脉。产教融合、校企合作培养技术技能人才是国际职业教育成功国家的共同规律。呼唤和渴求产教融合、校企合作培育技术技能人才在我国有着深刻的教育和经济背景。从经济领域看，我国正在进入工业化中期，努力实现产业升级转型、建立创新驱动的现代产业体系，对复合型和创新型技术技能人才的需求在倒逼行业企业做出变革。

产教融合有利于满足区域行业企业人力资源开发的需求。高校为企业量身定制培养和输送的专业人才，满足了企业对人才标准的产教融合的水平要求，同时，用较低成本获得了较为充足的人力资源，实现了企业成本的节约。学生岗位实操可以降低企业的生产成本，提高企业的社会竞争力。产教融合有利于激发学生的学习兴趣，真正做到学做合一。

产教融合有利于高校动态设置和调整专业。高校根据区域内行业、企业的发展趋势和人才需求状况调整专业设置和人才培养目标、明确人才培养标准，有利于探索人才培养模式，改革人才培养的手段和方法，打造适应产教融合的专业课程体系，全面提高人才培养产教融合的水平和未来人才的素质。高校邀请企业一线专家参与课程开发，模拟企业真实的工作环境，用来自企业的真实工作任务培养学生，按照企业的产教融合的水平管理要求考核学生，有助于增强专业的社会适应性，使培养的人才更符合行业、企业的需求。

改革开放以来，在政府及各部门的积极努力下，职业教育的发展取得了巨大成就。但是，目前与我国经济社会的需求和人民群众的期盼相比，职业教育发展依然面临很多困境，许多问题表面看似乎在职业教育自身，而其实质是职业教育的外部制度、体制机制使然。"十四五"以来，我国职业教育的校企合作创设了"订单式"培养、工学交替、校中厂、厂中校、"政、校、企"三方联动等一批具有区域行业特色的校企合作人才培养实现形式，形成了"合作办学、合作育人、合作就业、合作发展"的校企合作人才培养理念，但是职业教育校企合作也遇到了较多的困惑、问题和困难，尤其是参与各方对职业教育校企合作的相关制度政策的缺失体会颇深，对职业教育在国家政策、制度层面的顶层设计改革有着较为迫切的诉求。实行校企合作、工学结合的职业教育人才培养模式，是技能型人才培养的有效途径，体现了职业教育的本质特点。职业教育所肩负的培养技能型人才的任务需要职业院校与行业企业共同承担，日益成为职业院校、广大企业和社会各界的共识。

从"单维"管理理念转向"多元"治理理念，在治理理论的指导下，借鉴国际比较经验，研究职业教育的多元治理主体的权责、实行管办评分离、多样化治理工具、完善的治理制度体系、治理指标体系、治理的制度包与工具包等，具有巨大的经济和社会意义。首先，完善职业教育治理制度体系、实现职业教育治理能力现代化，将有助于我国数以亿计的技术技能人才的培养和可持续发展，有助于职业教育突破瓶颈和困境，增强职业教育服务产业结构调整、经济发展方式转变的针对性和实效性。其次，对职业教育治理制度体系和治理能力现代化的研究，有助于增强人民群众学有所教、学有所用的终身学习途径和机会，依靠职业教育提升国民素质和发展能力，提升体面就业、幸福生活的民主和谐境况。

二、有利于提升教师的社会服务能力

校企双方经常互派人员轮岗实训，企业派专业技术人员到校为师生讲学，有利于提高师生的实践操作水平。高校派教师下企业锻炼，在企业生产一线，教师实践能力能够得到比较大的提高。许多地方对校企合作的认识水平程度不断提升，认识到人才培养合作项目的收益与产品研发等合作项目的收益相比，回报较低而投入较大。高校教师所接触的理论知识较多，但实践方面的技能比较缺乏，大部分高校教师都没有太多的项目经验，通过产教深度融合可以提升师资水平。教师在企业真枪实干，掌握了好的技能后，再结合自身丰富的理论知识，就可以提出有创新性的想法，帮助企业解决实际问题。

产教融合有利于"双师型"教师的培养。高校的专业结构与产业结构有着密切的关系，经济产业结构的调整和升级会影响劳动力资源的需求，劳动力资源的变化则会进一步影响高校专业结构的变化。专业是高校连接社会、服务社会的基本单位，科学地规划和优化专业布局是高校发展的基础，也是高校产教融合的基础。高校要实现产教融合，在专业设置上，就必须以产业结构为蓝本，准确把握专业的规模、结构与区域经济发展的路径的匹配程度，提高专业设置的针对性和科学性；与产业需求相对接，以产业需求状况分析报告、就业率、订单人数和新生报到率为主要依据，控制专业数量，优化专业结构；根据区域内产业的发展状况和趋势合理定位自己的专业范围和服务行业，从市场的多元需要出发找到自己的发展定位和生存空间，避免与区域内其他院校重合，实现专业的错位发展；设置有市场需求和发展前景的专业，及时调整没有市场需求、过时的专业。充分实现课程内容与职业标准相对接，提升教学内容的针对性。

在产教融合中，教师不仅要负责知识层面的传道授业解惑，还要了解企业文化，学习新知识、了解新工艺、掌握新技术。高校与区域内的行业、企业合作，可以使专业教师深入企业，了解最新的设备、技术和工艺，参与企业技术产品的研发和技术成果的转化，提高教师的实践动手能力。教师在教学过程中，可以将在企业掌握的新知识增加到教学内容中，提高教学的针对性和实效性。职业教育的目标是服务经济社会发展和人的全面发展，通过助推专业设置与产业需求、课程内容与职业标准、教学过程与生产过程的有效对接，实现校企协同育人，提升学生的实践技能和职业岗位的适应能力，提高就业竞争力。充分实现专业设置与产业需求相对接，提升人才培养的有效性。职业标准是在职业分类的基础上，根据职业（工种）的活动内容，对从业人员工作能力水平的规范性要求，是从业人员从事职业活动、接受职业教育培训和职业技能鉴定以及用人单位录用、使用人员的基本依据。职业标准也是高校确定课程目标，选择课程内容的基本依据。教学过程与生产过程相对接就是打破理论与实践分离的课程模式，由高校与企业共同开发模块化课程体系，贯彻以"行动导向"为教学方法的"项目化"教学，在职业实践情境中展开学习过程，学做合一，依据企业的真实生产过程建构教学情境、设计教学过程，让学生在典型产品的完成过程中学习相关理论知识，建立工作任务与知识、技能、态度的联系，增强学生的直观感觉，激发学生的学习兴趣，使学生具备从事生产和适应社会发展的能力。

三、有利于学生就业

在产教融合中，学生在老师的带领和指导下，把掌握的理论知识运用到实际工作中，既加深了对理论知识的理解，又增强了实践动手能力，提高了解决实际问题的能力。在毕业之前就能够真正地掌握工作中的操作技能，这样更利于学生技术水平的提高和就业能力的拓展，使人才培养更具有岗位针对性。

企业参与人才培养的全过程，按照自身的人才定位进行人才培养，这样学生便能够第一时间掌握行业最新技术，毕业后即可以在相关企业就业，这样便有利于提升就业率和就业产教融合的水平。

通过国家示范（骨干）院校的建设，我国高职教育已经有一批专业形成特色，具备了产教融合的优势，成为面向世界、国内一流的高水平专业。例如，深圳职业技术学院与华为技术有限公司等合作的通信技术专业已经形成国际领先优势。该专业的专业教师多参加过华为公司技术培训并获证书；2008年成立国内高校第一家华为合作授权培训中心，2011年建成国内高职第一所华为网络技术学院，开设大数据、光网络、移动等方向课程模块，具有明显的产业优势；在校生中产生了全球高校第1位、全球第150位华为光传输顶级认证专家，15名在校生通过华为路由与交换顶级认证，150多人通过华为HCNA、HCNP认证，在校生通过华为顶级认证HCIE的人数在国内外高校中遥遥领先；2013—2016年连续4年获得全国职业院校技能大赛一等奖。又如，湖南铁道职业技术学院追随中国中车走向世界，高速动车组技术专业具有国内外领先优势。该专业牵头建设国内外技术水平一流的轨道综合实训中心，与中国中车合作开展项目研究、技术服务；毕业生仅2016年就获全国铁路系统动车组机械师技能大赛、车辆技术技能大赛、客车检车员技术技能大赛3个赛项的第一名。再如，上海出版印刷高等专科学校的印刷媒体技术专业也已形成国内外领先优势。该专业的专业教师中5人是国际印刷标准组织认定的专家，7人为国家级裁判员，其中，我国唯一的世界技能大赛国际级裁判、国际大赛教练组组长各1人；已经完成3项印刷媒体技术的国家职业标准的编写；有2名在校生分别在第42届、43届世界技能大赛印刷媒体技术项目的竞赛中获得亚军和季军，实现了我国在该领域的零的突破。产教深度融合的现代职业教育，为国家源源不断地输送着人才红利。

第四节　社会主义市场经济对产教融合的影响

随着我国经济的发展与经济发展的路径的调整，人力资源需求逐渐呈现出为多层次与多方位的特点，其必然与社会主义市场经济紧密联系起来。作为社会主义市场经济的重要主体，高等院校与职业院校相比具有自身的独特性，这些独特性要求其必须积极参与到社会主义市场经济的运营之中。高职的发展实践证明其办学宗旨与让学生满足市场需求是紧密联系的，其独特性也主要体现在其是经济社会发展中特定阶段而产生的新型高等教育。所以在高职的发展过程中也应该在人才培养过程中紧密结合市场要求，实现自身的优化发展。在我国深化教育领域综合改革的过程中，推进产教融合是职业教育的重要发展趋向，也是高职教育发展的命脉之门。

一、社会主义市场经济发展诉求下的高校产教融合

我国社会主义市场经济体制不断发展和完善，其也对高校提出了新的使命，在高校的人才培养不断与市场相结合的趋势下，产教融合也是高校在社会主义市场经济背景下的发展新趋势与新方向。在人才培养过程中应该摆脱"基础性的研究工作者"和"一般操作工"的误区，具有"动手与动脑的双重能力的技术实践型人力资源"才是人才培养产教融合的水平的关键所在。失去了市场竞争性也就难以成为社会主义市场经济的主体，所以在经济改革不断向纵深发展的背景下，高校应该不断适应新的经济环境，在人才培养等方面摆脱原有的条框束缚，加快自身的转型，逐渐融入新的经济环境之中。高校作为培养技术型人力资源的重要阵地，应该切实加强教育过程中的实践环节，通过产教融合把理论与实际有效结合，实现学生实践能力的发展。所以高校的发展与社会主义市场经济分不开，其核心竞争力的体现与把握市场主动权密不可分。高等职业教育的育人方向主要面向具有一定理论知识与较强实践能力的人才培养，所以在其办学宗旨与培养目标中面向生产、基层与管理服务一线，技术型、实用型与技能型是其人才培养的目的，也是其教育的高等阶段。所以在教学过程中的实践操作应该被更加重视，学生的动手能力也应该被突出和发展。在这种竞争的环境之中，由于用人单位自主权扩大以及企业人才需求的方向性转变，会操作、懂理论以及善管理的人才成为市场的重要需求目标。产

教融合能够有效实现高校的办学宗旨，能够使其不断遵循市场的需求和运作规律来进行教育教学活动，使高技能人才得以生产，适应企业生产的变化，更好地实现高校的生存发展之道。高等职业教育具有"高等性"与"职业性"两个根本属性，在社会主义市场经济背景下我国高校在办学中并未科学处理好二者之间的关系。

社会主义市场经济的发展要求高校提高人才培养产教融合的水平。在教师的执教能力方面，由于高校教师的来源所限，教师偏重学生学术研究能力而忽视实践动手能力的问题广为存在，在培养人才方面，不能很好地实现为企业提供有效服务的目标。

综上，高校需要着力于产教融合的应用与深化，使学生在教师的带领下参与实用科研与产业实践，能够知其然并知其所以然，在实践中的产品研发等相关实际问题的解决中培养实践脉络与产业思维。只有这样才能更好地服务区域经济与产业的发展，提升学生的知识适应性，实现教育教学资源的合理、有效配置。社会主义市场经济背景下的毕业生就业难问题进一步要求高校推行产教融合。在我国社会主义市场经济不断发展的背景下，劳动力市场的竞争程度不断得到强化，而针对高职毕业生的用人单位更加注重学生的实际操作能力。在我国高职教育体系中，学生培养仍然沿袭传统模式，难以符合市场对人力资源的需求。适应建设、生产、管理与服务第一线的需要是高校毕业生顺利就业的重要影响因素，如果缺乏这样的能力与适应性则必然会出现居高不下的待业率。高校的培养模式是与市场对人才的需要联系在一起的，所以新的培养模式能够切实有效地解决此类问题。产教融合的推行使学生的实践能力得以提升，并能够增强对未来职业的判定与认同，目标的明确与能力的提升使受教育者也能够着眼于市场的变化，在企业需求的前提下不断提升，并寻求发展机遇，从而缓解高职毕业生所面临的就业压力。所以高校应该置身于社会主义市场经济体制之中，在产教融合的育人模式助推下抢得市场人才竞争的优先权。

二、社会主义市场经济背景下产教融合的角色定位与实施标准

校企合作是从"人才培养"和"用工需求"这一切入点来开展的，在此过程中需要对产教融合中的各个主体进行科学定位并厘清实施过程中的相关标准来助推其有效开展。产教融合最根本的落脚点和最终的追求是为学生服务。在产教融合的办学过程中，学校和企业应把为学生服务当作宗旨。如何使学生树立正确的求职观念、增强学生的实

践能力是产教融合的目的所在。学校仅凭借企业需求的"订单"来培养学生势必存在弊端，也偏离了产教融合的根本目的，学校和企业不但要培养学生娴熟的专业技能，同时要帮助学生树立自身的求职观，以期通过校企共同培养人才的模式来取得成效。如此，高校在产教融合中的主体地位就显而易见了，作为产教融合实施的主体，向本地输送所需的实践型人力资源是高校发展的永恒主题。

各地的高校也就成了合作育人、合作办学首要推崇的主体。在我国校企合作办学的模式中，高校是产教融合的积极助推者，学生岗位实操、合作办学、创建实习基地等形式彰显了高校在培养学生和满足社会的需要的过程中所做的贡献。就高校与企业合作的项目而言，不同于中职院校的是高校在产品的开发和实际工作中更具实力，就此我国一批高校的成就得到了教育行政部门和社会公众的普遍认可，为产教融合的发展奠定了坚实的基础。政府和企业在产教融合的过程中无疑起着助推和促进的作用。政府虽然置身于产教融合的具体实施外，但在政策的协调制定上、法律和财政扶持上对高校和企业有着宏观管理的职能。高校的产教融合发展是否顺利很大程度上取决于政府是否支持与助推，所以西方发达国家制定了众多的法案来确保学校的产教融合顺利进行。与此同时，企业在产教融合模式中也是最大的受益者，这一模式能够大量满足企业自身发展的需要。既然企业有着对科研成果和人才储备的诉求，那么就会与高校进行人才联合培养。而产教融合从另一个角度来看也是一份良心工程，由于现代社会诸多不确定因素的影响，如何使企业在产教融合的参与中更具说服力和道德感，从而形成良性的产教融合制度保障，这就需要来自社会与政府的监督、监管，所以培养企业经营教育的社会责任感是产教融合办学的成功关键，社会主义市场经济背景下产教融合三维标准，产教融合的实质是使培养出来的人才能够适应经济社会发展的需求。从表面意义上来讲，产教融合是连接学校和企业之间人才供给的纽带；从更深层的意义上来说，产教融合又肩负着自身的使命，高校要完成人才"供给"与"需求"对等，要把如何培养人才、怎样培养、怎样实现人才与企业的需求相对接作为办学的重点，从而培养出优质的人才，助推经济的发展与社会的进步。实现产教融合主要包含以下三个方面的标准：

第一，招收的学生数需要与企业用人数量相协调，高校在开设专业前，要经过大量的市场调查与论证，通过统计各企业的人才缺口来设定专业及专业规模。这样做的好处在于既满足了市场的需求，又确保了学生、学校、企业的自愿和平等，使我国企业对应用型技术人才需求的紧缺状态得到缓解，同时也减轻了学生的就业压力，释放了由求职而引发的社会矛盾。

第二，高校培养的人才要符合各行业的标准。也就是说高校对学生的培养不能再拘泥于老传统和老规矩，要跳出固有的教育模式寻找适合学生发展的新型培养体系。在传授基本专业理论知识之余，还要找到行业要求与学科发展的融合点，让更多的行业模范人物和企业管理者参与到人才的培养过程中，使学生的行业从业水准得以提升。

第三，高校要模拟企业的经营场景。在企业众多专利的申请中，"学生专利"占有很大一部分比重。在学校中模拟企业场景可谓是增强学生实践能力的最有效途径。模拟场景的建设摒弃了纸上谈兵的弊端，让学生在学习专业基础知识的过程中快速将其转化为实际应用，不但使思维得以转换，更增强了处理实际问题的能力。

高校要实现课程内容与职业标准相对接，就必须在分析完成工作任务所需要的职业标准和素质要求的基础上，有目的地选择课程内容，使课程内容具有针对性和实用性，为学生的发展奠定坚实的基础。课程内容的设置要遵循技能形成规律和学生认知规律，从简单到复杂、从具体到抽象、从单项能力培养到综合能力培养，将工作岗位所需要的职业标准和素质能力融入相应的课程中。避免把职业标准简单地理解为动手能力和操作技能，要重视职业情境中学生综合职业能力的培养，使学生在复杂的工作过程中能及时做出判断并采取行动。充分实现教学过程与生产过程相对接，提升就业岗位的适应性。在高校加强内涵建设、提升核心竞争力的过程中，产教融合日益体现出重要性，产教融合的程度已经成为考量高校办学水平和内涵发展最为核心的要素，正是基于此，加强对产教融合理念的认知，完善管理制度和模式机制保障，与创业中心、产业园、工业园等园区合作，建立多元化的产教融合模式，使生产和教育真正地融合，是高校当前亟待解决的问题。发挥政府调控和协调作用，形成关系形态多元的产教联合体。实现教学过程与生产过程相对接的关键是项目设计要符合学生的实际能力水平和教学需要，确保课程标准中所规定的工作任务、知识和技能得以明确学习；要尽可能真实地模拟企业的生产环境、工艺流程、管理模式、企业文化等生产特点，体现现场生产过程、氛围与组织形态特点。一是制定政策和法规，为产教融合提供保障，从宏观上构建好高等职业教育的制度、体系和政策，切实保护产教融合双方的合法权益，为产教融合的各个方面提供法律上的规范和支持；制定专门的法律或条例、规定，建立健全合作组织内部的规章制度，对组织内部进行规范和调控；出台相关的鼓励措施和税收政策，鼓励企业积极参与产教融合。二是成立行业职业教育联盟，搭建合作的平台，使深入推进产教融合成为自觉行动。根据地方产业优化升级的目标、任务和阶段性要求，为产教融合双方搭建信息沟通、技术支持的平台，紧密行业、高校、企业关系，提升内涵建设产教融合的水平，共同开展教学、科研、生产、职业资格鉴定和职业培训，实现人才、项目、技术等方面的全面共享。三是设立专项资金支持产教融合。可以设立专项资金用于产教融合相关课题的研究，或将资金投入关键技术、共性技术以及前瞻性技术的研发和创新，这样一方面可以减小企业技术创新的风险、增强企业参与创新的动机，另一方面也能缓解产教融合中资金的缺乏。创新和完善产教融合管理机制，保障产教融合的顺利进行。

高校要创新和完善政府引导、校企互动、行业协调的产教融合的动力机制、调控机制、保障机制、激励机制和评价体系，建立教学生产共时、技术资源共享、课程体系共构、专业队伍共建、校企利益共赢的一体化目标，吸引企业主动参与学校办学方向、学科发展等重大问题的决策，加强产教融合的规范管理，形成以学生满意度、企业满意度、学校满意度、社会满意度为标准的评价体系。产教融合要认真处理好公益性与市场性、服务性与效益性、合作性与竞争性的关系。建立多元化的产教融合模式，实现人才培养集约化集团式。一是高校以专业或专业群为主体，对应多类行业、企业开展点对点的合作，这是产教融合的有效途径，对中小企业集聚区域的地方性高校尤为重要。二是高校的一个专业或专业群与区域内某个行业领域的多家企业合作，并形成具有共同目标的合作平台，使学校成为区域行业发展的人才储备库。三是高校跨专业群和跨行业，以多个专业群与区域主导产业链上具有国际化战略发展优势的龙头企业集团合作，吸收产业链上更多企业参与到这个合作平台，跨专业跨行业培养人才，实现多元化人才一条龙输送。在高等职业教育发展的关键时刻，高校应抓住机遇，深化教育教学改革，根据地方经济社会发展的特点和趋势，主动与行业、企业合作，根据市场需求调整专业设置，在学科发展的各个环节实施产教融合，增强学校的社会适应性，培养出真正符合社会经济发展需要的高素质技术技能人才。

要建立"资源共享、优势互补、互利双赢的长久的发展制度，维持合作主体间合理的利益分配和平衡关系，使协同性既有动力也有压力，彼此信任、诚心合作，把育人落在实处。依托创业中心、产业园等园区，推进人才培养与社会服务同步转型。高校要立足区域经济发展特色，把握地方发展趋势，根据地方经济社会发展的需要，加强与创业中心、产业园、工业园等园区多领域、多层次、多形式的合作，开展订单培养、合办专业、建立就业前实践的专门基地和教学工厂、共建二级学院，围绕企业重点技术需求提供技术攻关、科技研发、产品开发、信息咨询、人才培训等服务；学校教师和企业技术人员可共同组成课程小组，进行产品可教学化探索，把科技项目引入教学过程，实施项目化教学，形成专业骨干课程体系，以教育服务为理念，以人才培养模式改革为载体，在助推地方经济转型升级的过程中，实现社会服务与人才培养的同步转型，在驱动地方经济社会发展的同时，提高自身的创新力、发展力和竞争力。

三、社会主义市场经济背景下产教融合发展的现实障碍

从 20 世纪 80 年代我国高职教育迅速发展以来，无论是在中央层面还是在理论与实践界都十分重视高职教育中的人才培养创新。国家教育行政部门也不断强调通过产教融合的方式加强校企合作来推进高职教育适应社会主义市场经济发展。但是在现实中产教融合仍然并未得到深入、有效的贯彻和执行，其中的认识观念性障碍、政府助推力不足以及文化差异与系统性缺失等问题是其发展中制约因素的重要构成。产教融合的认识误区约束了其开展与深化。

社会主义市场经济的发展过程中需要各类人才，技术技能型人才也是人才结构的重要构成，提高经济的竞争力，核心是依靠科技进步和人才素质的提高，而这就需要产教融合培养高素质、高技能的应用型、技术技能型人才。产教融合对职业院校而言，是培养经济实用人才的有效途径；对企业而言，是获取应用性、技能性、复合型人才的捷径，是人才储备的银行。

产教融合的真正内涵应定位在建立起一个可持续发展的良性循环机制，实现教育教学的资源的优化组合，将高职教育教学的资源的势能转化为助推经济增长的动力，实现办学的整体效益。在目前已形成的校企合作中，大多都是学校为求生存主动向企业界寻求合作对象，多数企业给予学校的资助，亦都停留在较浅的层面。受到传统教育理念与模式的影响，部分高校缺乏对国内和国际高职教育人才培养的先进理念，并未认识到产教融合在培养产业转型升级以及经济社会发展人才上的重要性、紧迫性与必然性。认识上的误区导致了此类院校在办学定位、顶层设计等方面并未科学合理地展开，缺乏系统

和全面的学生培养模式规划。另外，从企业的角度来看，部分企业由于缺乏大职业教育观念，使得其社会责任并未得到有效履行，其对产教融合模式缺乏全面的认识，对其配合度较低。所以，在认识产教融合的过程中应该认识到其双赢的因素，而并非学校充当"索取者"、企业充当"支撑者"，其并非是以一方利益受损为代价的。否则，产教融合更多地流于形式，其长久发展难以得到保障。在我国的高职教育发展过程中，教育部等相关教育行政部门出台了诸多相关文件来进一步鼓励和支持高校进行产教融合，实现校企合作。但是在这些文件中更多反映的是一种倡导性发展方向，规定都较为宏观和模糊，而对于此方面的优惠政策、法律条文以及执行性文件等较为缺乏。

在高职教育的产教融合、校企合作的发展过程中，虽然此领域成立了校企合作协会等组织结构，并且实验和试点逐渐展开，但是其发展中缺乏一种完整的、权威的产教融合准则和指导手册，这也就使其发展实践难以得到有效的指导。所以在此环境中仅仅凭借企业、行业和高职学校的力量就很难在社会主义市场经济发展和产业升级等背景下实现产教融合，其开展的有效性也难以得到保障。政策、法律环境的缺失也使得产教融合的发展制度难以建立，同时相关组织机构人员对产教融合进行相关部署、规划、推行和评价的力度也不够，这就导致了在助推产教融合的过程中政府的宏观管理与指导作用不明显，对产教融合的规范与助推力度不足。尤其是在校企合作与产教融合中缺乏相关的协调机构，使其缺乏产业部门以及政府部门的支持，使得双方的利益无法在政策层面得到有效保障。运行中的系统性缺失等问题也导致其发展的动力不足。

在高职教育的发展过程中，由于受到传统教育与企业关系的影响以及职业教育观念的缺乏使得高职教育在与合作企业在决策、管理、执行等层面的文化差异十分显著。二者之间的文化差异是开展产教融合需要解决的重要矛盾之一。其中，学校社会服务、教书育人、文化传承与创新的职能发挥，高端技能型人才培养的首要任务与企业所追求的最小的成本获取与最大的利润获得之间具有较大的差异性，这是需要进一步调整和整合的。另外，在产教融合的具体运行过程中也存在着相关的发展障碍。首先，由于缺乏对产教融合的整体推进而并未从系统的观点来统筹运作和通盘考虑的问题仍然存在，这也就难以在办学诸要素与企业的运行之间形成特定功能的整体，其相互作用和有机结合难以实现。其次，从产教融合的微观运行制度来看，其仍然还存在着待完善和不成熟之处，其中表现较为突出的是在运行中与学校中的现行制度所发生碰撞时而显示出的问题。最后，从产教融合的层次来看，现有的产教融合仍然停留在较为粗浅的层次，深度仍然不够，在技术开发方面仍然较为欠缺。这在学校与企业之间的主动性中就可以明显地表现出来，现今的合作更多地表现出了学校主动寻求企业的帮助，而反方向的作用力则较小，并未建立起真正可持续发展的产教融合的良性循环机制。另外，在运行形式方面，"校外实践教学基地""校内工业中心"等是其主要形式，其他创新形式的开发较为有限，难以满足产教融合的发展趋势。

四、社会主义市场经济背景下产教融合育人模式的整体性构建

产教融合是高职教育育人过程的本质体现，也是高职教育改革与发展的关键和根本，它涉及指导思想、配套政策、文化融合、课程建设、师资提升等多个领域和内容，需要建立一套较为完善与规范的体系来实现。树立"产教融合"的人才培养模式指导思想，需要政府建立配套性政策、法律体系。"产教融合"的人才培养模式是在遵循职业教育发展规律以及"以服务为宗旨，以就业为导向"职业教育方针基础上的一种创新，这种人才培养模式改变了以学校、课堂为中心的传统模式，通过动手能力以及实践性的加强来帮助学生完成学业、促进就业，从而实现高职教育人才培养模式的根本转变。在法律和法规方面，政府应该提供和完善产教融合、校企合作的法律和法规，通过完善的法律和法规体系来提供其发展的保障。其中，在《中华人民共和国职业教育法》中缺乏对校企合作等领域的详细规定，现有规定过于原则化和模糊化。所以，以此法为例应该在其中构建对企业、行业、职业院校等各个主体中的权利与义务，除了对不履行相关义务所需要承担的法律责任之外还要通过法律和法规来制定相关的税收减免等鼓励性政策，通过规范规定来提高企业参与产教融合的积极性。"产教融合"的人才培养模式是一种职业教育观念的体现，所以，在此过程中学校应该认识到"面向社会、着眼未来、服务经济"的办学宗旨，在人才培养中加强与企业之间的沟通，将市场的短周期性与人才培养的长远性有机地统一起来；企业也应该明确地认识到对高职教育的支持与配合是企业的责任与义务，同时，也应该认识到实习学生的潜在价值，从而使二者在科学认识的基础上推进"产教融合"的深化。高职教育"产教融合"人才培养模式的改革一定是与社会主义市场经济发展与产业转型升级密切相关的，这种现代化、生态化的高等职业教育需要教育、企业、行业的配合与支持，这也是全面提高高校人才培养产教融合的水平与教育教

学水平以及社会服务能力的重要内容。与此同时，政府应该继续不断加大对产教融合、校企合作的支持力度，通过政策与法律的配套来支持其向前发展。现今政府虽然关于管理机制、资金投入等方面提供了一系列卓有成效的指导政策，但是这方面的力度仍需要进一步地加强，其中在政策的导向作用方面也应该进一步地深化。在具体的人才培养过程中应该开设产业与优秀企业文化的基础课，通过这种方式更好地实现产教融合中对企业文化的认同。另外，在课程教学、学科发展等方面也要体现产业文化，尤其是在具体的产教融合过程中让学生切实以员工的身份来接受和认同企业的规范制度，不断感受企业版的工业文化。学校可以通过结合专业特点在产教融合过程中使学生与职工共同参与社团以及文体活动等，来使二者的文化得以有机地结合。在校企合作的基地建设过程中也要十分注重将精神文化中的工作价值观深入其中，将产业文化育人实践贯穿于育人的各个环节，不断形成师生的文化自觉。

另外，政府也应该通过对区域经济、教育、文化等领域的调查来因地制宜地出台产教融合的具体性实施措施与意见，通过此类实施办法、促进条例等来进一步助推产教融合的高速和高质量发展。实现"产教融合"中的文化融合，通过事务机构的建立来进行统筹规划。在进行产教融合过程中应该牢牢把握住文化的价值观主线，通过学校文化与企业优秀文化的因子的融合来助推产教融合中文化的生成。

"产教融合"的事务性机构在其发展过程中也是十分重要的，因为在企业、学校以及行业之间往往缺乏有效的协调与沟通机制，这导致学校教育标准和企业的人才定位不对接，出现学校关门办学等问题。所以，应该切实建立"产教融合"的事务机构，在此过程中要十分重视行业作为重要元素的加入。通过制度设计与机制建设来建立权威性的事务机构，其可以与行业机构共同来统筹规划产教融合中的具体合作事宜，从而实现政府主导与行业引导的主体框架机制的健康运行，进一步推进企业在产教融合中的主体作用。此机构的建立也有利于企业树立高层次的企业价值观，在与高校的合作中完成人才培养的任务，并且也能够解决在此过程中所产生的问题与纠纷。校企双方共同开发与实施优质骨干课程和教师一体化培养，构建产教融合的水平保护机制与评价体系。作为学科发展重要基础的课程建设是高职教育人才培养的核心环节，在产教融合过程中的课程开发要充分发挥高校和企业的共同作用来实现实践性课程的有效实施。围绕实际，通过岗位职业活动中的各种项目、工作任务等来设置实训实习项目，按照职业能力培养以及职业岗位要求整合课程内容，实现技术基础知识、素质培养、工作时间、专业能力训练以及职业培训有机统一的系统化课程体系，实现"教、学、做"的有机统一。

作为人才培养方案的执行者与实施者，专业教师的素质直接影响到产教融合的有效实施。在师资建设方面，要通过"一体化"教师培养来改变高校教师的初始学术性倾向，提高教师的实践与职业技能培养的能力。在课程的开发过程中适应本区域的经济发展需要，在课程标准的制定中应该充分吸收企业一线的优秀管理人员的建议，建立突出职业岗位核心能力、融入职业资格考试以及职业素养的课程标准。在课程的功能方面要将传统单纯强调技能与知识的思路转向同时注重学生情感态度、价值观以及学习的过程与方法的思路。

具体来说，可以通过教师企业实习、教师专业培训等形式来提高教师岗位技能，并逐渐了解现今企业的技术发展。另外，"双向挂职"机制在教师的专业素质发展中也至关重要，要逐步建立并完善高校教师定期到企业挂职顶岗的制度，与此同时，企业的专业人员也应该来校任教，使企业的技术骨干与专家在产教融合中指导学生的实习和实训。在产教融合的过程中高校也应该根据经济社会的发展、企业的用人需求等来建立健全与产教融合相适应的产教融合的水平保护机制与评价体系。这种产教融合的水平保护机制与评价体系应该紧密结合学校与行业、企业，由校内到校外延伸的全过程、全方位的教学产教融合的水平监控与反馈机制。在此过程中应该牢牢把握国家的职业标准和具体的专项的工作任务及具体专项的工作过程，实现学校、企业与行业之间的统筹，使学校所培养的人才与行业、企业需求相对接，以行业与企业的满意度为重要指标，从而建立科学有效的产教融合评价体系。

第二章　我国高校产教融合的发展

第一节　我国高校产教融合发展现状

职业教育与产业之间的联系是相伴而生的，它们之间的关系不仅是产业细化的需要，也是产业细化逐渐专业化发展的必然结果。产业细化在很大程度上促成了职业教育作为独立教育类型的出现，也提高了职业教育的效率，但是专业化分工也在一定程度上造成了教育与产业之间天然联系的断裂，职业教育逐渐游离出产业环境，并且有欲行欲远的趋势。为拉近两者的距离，并让其在新的发展阶段重现先天融合的状况，必然需要社会力量的助推，尤其是政府与相关部门的政策支持，将成为必不可少的主导助推力。然而，目前已有政策，对于提升职业教育中产教融合的效果并不明显。无论是中观的校企合作还是微观的工学结合，都没有达到预想的效果。正是基于此，研究已有政策的历史变迁、分析政策产生的脉络及其存在的问题，对于完善产教融合的政策支持系统具有十分重要的意义。

"产"就是对"产业"的简称，从传统意义来说，产业主要是指经济社会物质生产部门，随着产业细化和生产力的不断发展，产业的内涵不断充实，外延也不断扩展，产业是指利益相互联系、具有不同分工的各个相关行业所组成的业态总称，泛指一切生产物质产品和提供劳务活动的集合性组织；"教"即"教育"，在此特指职业教育，是指人类产业细化发展到一定程度后，为满足社会再生产发展，产业对人才素质提出的专业化要求而产生的独立部门，其目的主要在于为社会各行各业培养所需要的人才；"融合"指的是两种或多种不同事物合成一体，是指相关事物之间主要发生质的变化，并成为一种新事物，这种新事物在形式、内容方面可能不同于原有事物，产教融合的水平有所提升和改变正是基于此。"产教融合"是指职业教育与物质生产、社会服务等行业共同开展生产、服务和教育活动，并且形成不同于单纯的教育与产业的另一种组织结构，此组织的核心是从事教育、物质生产或社会服务工作，并为产业部门提供合格、成熟的人才，其不同于校企合作中用人单位和高校权、责、利的分配，而是必须形成一个具有不同于学校或者企业功能的新的组织，这个新组织承担起学校毕业生顺利走向工作岗位且能胜任工作的重任，是学校和产业之间有效衔接的桥梁。正是基于此，制定适合此组织发展的支持政策，对于产教融合组织的形成和发展具有十分重要的意义。

一、关于产教融合的相关法律和法规

职业教育属于社会公益事业，职业教育政策变迁受政府和市场双重规制的影响，形成了两种主要的范式，即国家本位的政策范式与市场本位的政策范式。从新制度经济学的视角来看，规则的更新是创新主体基于一定目标而进行的制度重新安排和制度结构的重新调整，是一种社会效益更高的制度对低效制度的替代，规则更新的目的在于提高制度的效益，为制度助推者带来利益的最大化。所以产教融合相关政策的变迁也是为了实现产业和职业教育两者利益的最大化。

1.《职业教育法》颁布前与国家本位的政策范式

1978—1996 年，我国职业教育经历了恢复、发展和停滞的不同历程。从现代职业教育体系的构成来看，这一时期可以归于我国职业教育发展的初期，国家政策以助推中等职业教育的市场化为主。1978 年后，中央领导人和政府相继发布讲话和文件，表明了发展职业教育的观点，《关于中等教育结构改革的报告》还明确了中等职业学校发展的途径，职业教育得到恢复和发展。

政府给予学校拨款和相关的优惠政策支持职业学校的发展。如 1983—1985 年中央财政共划拨了 15000 万元的职业教育补助经费；减免校办工厂的税收，吸引企业投资职业教育；同时，也充分发挥中介组织的力量，成为学校和社会力量衔接的桥梁，将招生、就业与市场产业进行很好的衔接，此时政府是职业教育政策的主要制定者和助推者，其目的在于确定职业教育的合法地位，从社会吸取办学资源，并将毕业生投放市场，为国民经济社会发展服务，带有很强的计划培养特点。国家本位、政府主导的政策，曾经一度造就了职业教育中产教融合的可喜成绩，中等职业教育招生人数持续上升，1996 年达到了 188.91 万人，毕业生与用人单位的要求高度吻合，受到了市场的欢迎，甚至出现了提前预订和争抢的局面。但在国家本位的政策导向下，职业教育对政府形成了强烈依赖，在政府政策及相关配套改革工作滞后的情况下，20世纪90年代后期职业教育发展开始出现停滞甚至衰落的状态，招生数量持续下滑，"1998年我国中等职业学校约2200所，除普通中专校约1200人外，其他几类学校均规模只有500人左右"。职业教育与产业之间的联系也逐渐脆弱，职业教育发展陷入了前所未有的困境。

2.《职业教育法》颁布后与国家本位的政策范式

鉴于职业教育中出现的困境，为改变现状，促进职业教育的发展，1996年，颁布了《中华人民共和国职业教育法》，并在第二十三条中明确规定：职业教育应当实行产教融合，确立了产教融合的法律地位。为贯彻此法，国家教委等部门联合发布《关于实施〈职业教育法〉加快发展职业教育的若干意见》，对贯彻产教融合进行了工作部署。接下来颁发的相关文件都对产教融合工作有明确体现，如2002年的《国务院关于大力推进职业教育改革与发展的决定》提出，企业要和职业学校加强合作，也要依靠企业举办职业教育；2004年《关于以就业为导向深化高等职业教育改革的若干意见》提出了产学研结合的高职教育发展道路；2005年《国务院关于大力发展职业教育的决定》提出职业教育的人才培养模式为"工学结合、校企合作"；2010年《国家中长期教育改革和发展规划纲要（2010—2020年）》提出，要制定校企合作办学法规，推进校企合作制度化；2014年《国务院关于加快发展现代职业教育的决定》提出，"深化产教融合、校企合作"，第一次在国家层面的文件中出现了"产教融合"的要求，是对产教融合要求的进一步提升。

从产教关系的发展历程，可以看出国家对行业、企业参与职业教育的要求，及其在职业教育活动中的角色变化。不仅为产业部门参与职业教育做出了相关指导，也明确了产业部门在职业教育发展中的地位和作用。这些文件完善了"行业企业部门参与职业教育的宏观（产教融合）、中观（校企合作）和微观（工学结合）的要求"，且极大地促进了高等职业教育的规模发展，形成了中等和高等职业教育并重的良好势头。但是这些文件并不是与《职业教育法》配套的下位法律文件，它们的权威性和稳定性有限，对于产业部门参与职业教育的行为并不具有约束性，对参与主体的职责分工并不明确，导致职业教育部门与产业部门在处理产教融合的相关事务中缺乏明确的指导，政策执行效果并不明显。

3.《中华人民共和国高等教育法》与市场本位的政策范式

随着经济体制的改革发展，高校管理制度和模式与制度保障的改革提上了议事日程，

1993 年《中国教育改革和发展纲要》颁布，并且明确提出，"要使高校真正成为面向社会自主办学的法人实体"，标志着高教政策由国家本位向市场本位的演进。1998 年《中华人民共和国高等教育法》颁布，标志着市场本位政策的正式确立，高等教育的管理权限从中央向地方转移，高校自主办学权力逐渐扩大，由此也意味着高等教育体系的内部环境发生了深刻变化，学校与政府、行业、企业的关系也发生了深刻变化：市场治理模式确立，政府的教育职能相应缩小，对高等教育的投入逐渐减少。

2006 年，按照《国务院关于大力发展职业教育的决定》的重要部署，为在全国高等职业院校中树立改革示范和发展示范，引领高等职业教育与经济社会发展紧密结合，提高高等职业教育产教融合的水平与办学效益，助推高等职业教育健康发展，国务院决定实施国家示范性高等职业院校建设计划，旨在整合资源、深化改革、创新机制的基础上，按照地方为主、中央引导、突出重点、协调发展的原则，同时兼顾地区、产业、办学类型等因素，选择学校定位准确、办学条件好、社会声誉高、产学结合紧密、改革成绩突出、制度环境好、辐射能力强的 100 所高等职业院校，优先进行重点支持，并完善相关政策，促进工学结合的重点学科发展，通过以点带面，引领全国高等职业院校凝聚教学改革的共识。通过项目的实施，一批高等职业院校在创新人才培养模式、专兼结合课程小组建设、服务社会、服务地方、服务企业和办学特色等方面取得明显成效，加快了高职教育的改革步伐，提高了高等职业院校的办学实力、教学产教融合的水平、管理水平和办学效益；一批重点专业脱颖而出，建成了对接各地重点产业的专业人才培养方案，有效带动了省级示范、行业示范等一大批高等职业院校，一批专业特点突出的优秀高等职业院校群体脱颖而出，它们聚焦国家和区域发展战略，围绕实体经济建设，在助推战略性新兴产业、先进制造业健康发展，加快传统产业转型升级等方面，提供了必要的技术技能人才支撑，发挥了不可替代的作用，引领高等职业教育走出了一条不同于普通大学的类型之路，高等职业院校显示出空前的活力和勃勃生机。

联合国教科文组织产学合作教席主持人查建中教授称赞国家示范高等职业院校建设项目成就了高职教育的改革优势，用六个标志来描述示范高等职业院校建设项目所具有的典型示范意义，这就是逐步成熟的面向职场模式、正在深化的产学合作关系、双师课程小组的理念和机制、紧跟市场的观念和体制、对职场中层人才需求的了解和把握、服务行业企业的意识等。在该项目实施中，中央财政专项投入资金产生了明显的拉动效应，地方财政对高等职业院校发展的重视程度大幅度提高，生均预算内拨款水平明显提高，示范高职建设院校实现了与本科院校生均财政投入水平大体相当的建设要求，为教育部、财政部《关于建立完善以改革和绩效为导向的生均拨款制度加快发展现代高等职业教育的意见》明确规定 2017 年各地公办高等职业院校年生均财政拨款水平应当不低于 1.2 万元，奠定了实践基础和政策依据。正是基于产教融合的工学结合人才培养模式的变革，改变了高等职业院校的人才培养观念，提高了高等职业院校专业教学的产教融合的水平，提高了高等职业院校毕业生的就业创业能力，也提高了高等职业院校在教育领域及其在全社会的地位。近几年，一批高等职业院校校长（书记）先后调到应用型本科院校担任党委书记或校长，这也从一个侧面反映了社会对高等职业院校发展成效的认可。

2015 年，教育部发布《高等职业教育创新发展行动计划（2015—2018 年）》，启动优质高等职业院校建设。这是高职战线深入总结"十四五"发展经验，面向"十四五"布局改革任务，引导和助推高等职业院校制定和执行好"十四五"规划的重要行动指南。我国《国民经济和社会发展第十四个五年规划纲要》把"推进职业教育产教融合"作为推进教育现代化的重要任务，要求推行产教融合、校企合作的人才培养模式，助推专业设置、课程内容、教学方式与实践知识的传授对接，体现了国家想法和意愿的引导和机制安排，只有发展与技术进步和生产方式变革以及社会公共服务相适应、产教深度融合的现代职业教育，才能为社会输送适合产业发展的高素质人力资源，才能为国家和社会源源不断地创造人才红利，优质院校建设将"办学定位准确、专业特色鲜明、社会服务能力强、综合办学水平领先、与地方经济社会发展需要契合度高、行业优势突出"作为前提要求，并将"深化教育教学改革、提升技术创新服务能力、培养杰出技术技能人才，增强专业教师和毕业生在行业企业的影响力，提升学校对产业发展的贡献度，争创国际先进水平"作为主要建设任务，体现了优质院校建设对产教融合的高水平学科发展提出的新要求。

产教融合是校企合作的升级版，对校企合作具有深层次意义，具体如下：第一，产教融合是把产业发展对职业岗位的新要求融入专业教学标准、教学大纲和课程等教学资源中，对提高合作育人产教融合的水平具有主导意义。

第二，产教融合有效推广产业新技术新技能，企业在合作中受益，有利于调动其合作的积极性。

第三，产教融合有利于提升高职教育教学的技术含量，企业将更加愿意和院校合作，实现企业的升级愿望，有助于合作发展。

第四，按照"通过去除没有需求的无效供给、创造适应新需求的有效供给，打通供求渠道，努力实现供求关系新的动态均衡"的供给侧结构性改革要义，产教融合的教育教学改革将有效提升高职教育专业人才培养的有效供给。例如，南京信息职业技术学院将技术链上游企业先进技术作为专业教学重要内容，并为技术链下游企业提供技术和培训服务，在提升合作育人产教融合的水平的同时，实现了校企合作的常态化。

产教融合也是发达国家职业教育的成功经验。德国双元制模式中的职业学校和企业都是实施职业教育的主体，企业承担的职业培训任务，要按照德国联邦经济部部长签发的职业培训条例和大纲开展培训，职业培训条例和大纲对职业培训具有约束性，是产业发展对职业岗位能力的具体要求，职业培训条例和大纲的动态更新和调整，体现了产业发展技术技能新元素对培训要求的及时融入。澳大利亚 TAFE 模式是以国家职业资格标准框架为核心的职业教育，英国现代学徒制项目框架也是以国家职业资格标准为核心的职业教育，本质上都是围绕职业要求而开展的职业教育培训模式。

二、产教融合中的国家骨干高等职业院校发展

2010 年，在对国家示范高等职业院校建设项目成果充分认可的基础上，教育部、财政部对继续延长该项目计划的实施做出具体安排，确定新增 100 所骨干高等职业院校建设，继续发挥财政专项对高职教育改革发展的引导作用，推进地方政府完善政策、加大投入，创新办学体制机制，推进合作办学、合作育人、合作就业、合作发展，增强办学活力；并将校企合作体制机制建设作为突破工学结合教学改革瓶颈的重要举措，形成人才共育、过程共管、成果共享、责任共担的紧密型合作办学体制机制，促进校企深度合作，增强办学活力，形成新的引领机制。

骨干院校项目建设文件规定央财资金可以部分安排用于办学体制机制创新，成为政府引导骨干院校建设项目推进产教融合、校企合作的重要信号。一批国家骨干建设项目院校领导普遍认为，骨干建设项目不仅仅使学校办学业绩得到明显提升，更重要的是在校企合作体制机制上取得了成功突破，为工学结合的人才培养模式改革提供了保障，90% 以上的骨干项目建设院校成立了校企合作办学理事会，成立了职教集团的骨干院校

所有重点建设专业都成立了学科发展指导管理协会，部分重点专业探索了校企合作的升级模式。

《2018 中国高等职业教育产教融合的水平年度报告》是由全国高职高专校长联席会议委托，上海市教育科学研究院和麦可思研究院共同编制的高职产教融合的水平年报，已经连续发布几年。几年来，报告始终坚持需求导向、坚持第三方视角、坚持创新发展，逐步形成了由学生成长成才、学校办学实力、政策发展环境、国际影响力和服务贡献力构成的"五维产教融合的水平观"，探索建立了不同维度产教融合的水平评价的指标体系，持续引导高等职业教育强化内涵、提升产教融合的水平，成为社会了解高等职业教育的重要窗口。

面对新一轮科技革命与产业变革的新形势，面向实施"中国制造 2025"的战略目标，高等职业教育基于综合改革与本土实践的高产教融合的水平发展理念和体系正在形成，2017 年人才培养工作取得新进展。报告显示：学生自信、上进等良好素养逐步形成，实践教学、社团活动的育人功能日益显现。毕业生就业率、月收入、专业相关度、母校满意度、自主创业比例、毕业三年职位晋升比例等指标稳中有升。毕业生就业产教融合的水平进一步提高，职业发展上升空间扩大。云计算、物联网、大数据、智能制造等相关专业高速和高质量发展，支撑新兴产业能力增强。高等职业院校深化产教融合过程中注重将产业先进技术等元素融入教学过程，企业的育人作用不断体现，专业教育与思想政治教育同向同行，呈现全方位育人的良好态势。信息化课堂教学渐入常态化，优质教学资源跨区域跨行业共建共享机制开始形成。校村合作、校镇合作成为城乡融合新模式，成为乡村振兴人才培养的新特点，一批中西部地区院校正在成为当地发展的新地标。优质院校得到地方政府和行业领军企业的认可与支持，为"中国制造"注入新动力。服务贡献 50强院校整体水平有较大提升。高等职业院校服务"一带一路"呈现区域特点，开放办学持续深化，境外办学更加多样化。专业教学标准和课程标准逐步得到国（境）外认可，来华留学与培训量增长明显但仍处于起步阶段，亟待高等职业院校加强专业标准建设，更需要各级政府的政策引导和资源支持。

报告强调，政府责任是高等职业院校发展的环境质量重要方面。产教融合校企合作等政策密集出台，优质院校建设成效显现，创新发展行动计划进一步落实。高职教育生均公共教育费用继续增长，产教融合的水平年报三级发布制度进入常态化，社会影响力增强。高等职业院校不平衡不充分发展问题亟待解决，高水平建设更需要强化中央财政的专项引导。报告首次发布的高等职业院校教学资源 50 强显示：东部地区高等职业院校资源水平整体较高；中西部地区院校的生均教学科研教学设施值等资源水平较弱，需要加大投入，加强建设；示范骨干高等职业院校教学资源水平优势明显，体现出财政专项投入对于高等职业教育发展的重要作用；教学资源存在明显的区域和院校不平衡性，亟待政府和院校予以重视。

第二节　我国高校产教融合存在的问题

随着《中华人民共和国高等教育法》的实施，高等教育体系中引入了市场治理结构，所有学校都需要在市场中获取办学资源，尤其在其他高等学校自身实力不断提升的情况下，职业教育生存和发展的空间受到了来自教育体系内部的挤压而逐渐缩小。另外，职业教育自身办学力量薄弱，社会地位不高，职业教育体系中缺乏上下贯通的发展道路，社会认可度进一步降低，在市场竞争中总是处于劣势地位，无法获得政府和产业部门有效的政策支持，产教之间缺乏有效衔接的桥梁，产教融合也由此陷入困境。

中国高等教育进入大众化后，让更多的青年学子圆了大学梦，但随之也带来了一系列问题，特别是给高校改革人才培养模式、保障教育教学产教融合的水平提出了更高的要求和更加繁重的任务。历史和实践告诉我们，高等教育必须适应经济社会的发展，否则就将受到惩罚，牛津大学和剑桥大学都曾经有过前车之鉴。当 18 世纪 60 年代英国产业革命兴盛之时，产业革命中的技术并不是直接源于英国的高等教育，英国的高等教育与产业革命是一种疏散的关系，高等教育对产业革命没有发挥出应有的作用，牛津和剑桥两所大学对于正在发生的产业革命采取"事不关己"的态度，自我封闭严重，学术风气退步，教学水平下降，考试制度僵化，与时代需求严重脱节。结果，两所学校都陷入了长达近一个世纪的衰退。反而是伦敦大学和一系列城市学院在产业革命中的兴起，带来了大规模的新大学推广运动，革新教学方式，承担了许多市场运行中的技术科学实验和研发工作，从而迎来了英国高等教育的全新发展，也实现了高等职业教育和产业发展技术的有效对接和助推。

校企合作和产教融合是在职业教育发展过程中应运而生的，相对于西方发达国家，我国的职业教育兴起较晚，校企合作也相对滞后。从现状看，从高职升为本科的本科院校以及转型较早的普通本科院校校企合作做得较好，大多数刚刚转型的普通本科院校在这方面还处于起步阶段。我国应用型本科高校的人才培养模式仍处于较低层次的校企合作阶段，还没有达到产教深度融合的理想状态，主要表现在以下六个方面：

（1）合作不稳定，融合渠道不贯通

由于企业与学校在性质、体制、功能和结构上的不同，在初期校企双方很难实现真正意义上的合作。公司的发展方向是利润，需要创造经济效益，正是基于此缺乏与高校开展校企合作的动力。大多数校企合作，是短期的、不规范的、难以持久的低层次合作，未能形成统一协调的、自觉的整体行动，合作的成效参差不齐。要真正解决这些问题，就要尽快构建由政府主导的校企合作政策与管理机制，以立法的形式制定有关职业教育校企合作的法规或条例，明确行业企业、高校在校企合作中的职责和义务。完善的制度内容是职业教育产教融合发展的根本保障，也是职业教育人才培养工作顺利开展的基础。要改变我国职业教育发展现状，加快落实产教融合政策，需要各级政府出台与之配套的规章制度。在这方面能给二者架起桥梁的就是政府。虽然地方政府出台了一些助推校企合作的地方性文件，然而政府的提倡只停留在政策层面，缺乏刚性约束机制。在鼓励措施方面，与传统意义上职业院校单一的教育模式不同，助推职业教育产教融合需要不同行业企业的积极参与，协助职业院校开展教育活动。但是，由于目前政府机构所出台的政策在内容设计上较为宏观，缺乏强制性，在产教融合深入发展阶段无法规范企业的参与行为，所以不少企业在校企合作教育开展过程中仅仅关注自身的经济利益，不愿主动融入职业院校的人才培养过程；校企之间缺乏更深层次的交流，难以体现产教融合发展的现实意义。在各种制约因素的影响下，当前职业教育产教融合制度建设依然存在诸多不足，尤其在鼓励措施、管理机制、法律和法规建设等方面，难以为产教融合的顺利开展提供保障。尽管自2014年起，国家针对教育发展现状，在产教融合政策制度建设方面投入了大量精力，国务院也在《关于加快发展现代职业教育的决定》中明确强调了在职业教育发展中落实产教融合的重要性，充分肯定了产教融合的价值，但在产教融合发展的相关法律和法规建设上较为滞后，致使不少地方职业院校在与企业合作时，无法通过法律途径维护自身的权益。

传统的学校教育制度偏重于院校自身发展而忽视面向经济建设的发展。这导致在理念和认识上存在诸多误区，各地各院校对产教融合缺乏共识。有人认为校办产业就是产教融合，有人主张产教融合就是办"校中厂""厂中校"，有人觉得企业的逐利性与学校的公益性之间具有不可调和的矛盾，产业与教育是不可能实现融合的，等等，正是基于此，对高职教育深化产教融合缺乏应有的重视。2016 年，国务院教育督导管理协会为引导高等职业院校加强内涵建设，促进产教融合、校企合作，将全国高等职业院校评估的主题确定为"高等职业院校适应社会需求的能力"，将企业参与高等职业院校办学、共同育人和服务经济社会等指标作为评估的重点，以推进高等职业院校提高人才培养和服务地方经济社会发展的能力。但从现实状况看，这一评估主题并未像"高职高专院校人才培养工作水平评估"和"高等职业院校人才培养工作评估"等评估工作那样更加引起高等职业院校的重视，很难真正发挥好助推价值，配套政策与评价体系不足，使得企业方面缺少动力。

目前，国家和地方在职业教育产教融合方面的法律和法规建设上仍显薄弱，相关条款的力度、操作性与约束性也存在不足。在此情况下，产教融合往往容易流于表面，不够深入，企业参与高职教育的驱动力欠缺、有效性不够，存在浮躁、急功近利的现象。高职教育深化产教融合的政策体系、标准体系、统计体系、绩效评价等亟待加快形成。尤其是当前大数据已成为国家重要基础性战略资源，正发挥着覆盖全面、贯穿始终的独特作用，引导着人财物等各类资源各尽其用。在此背景下，更加需要加快完善统计、分析与评价体系，及时反映产教融合的水平与效益。《关于深化产教融合的若干意见》要求"积极支持社会第三方机构开展产教融合效能评价，健全统计评价体系"，并要求"强化监测评价结果运用，作为绩效考核、投入引导、试点开展、表彰激励的重要依据"，若能够加快落地，将对深化产教融合突破瓶颈发挥重要的作用。产教供需的双向对接困难重重，市场的优秀力量难以进入职业院校专业教学。产教融合的育人价值在于把产业升级的先进技术、先进工艺等融入教育教学资源与教育教学过程中，使专业教学能够不断对接产业发展、服务产业发展。但是，由于高等职业院校体制内教师的专业能力往往难以适应产业升级和技术高速和高质量发展的要求，加上繁重的专业教学课时压力，所以专业教师既缺乏对接产业发展的能力，也缺乏吸收产业先进技术元素的时间和动力。而行业企业和社会培训机构在面向市场、对接产业升级和技术发展方面具有优势，作为体制外的存在，是要以灵敏的嗅觉与快速反应才能生存和发展的，它们可以为高等职业院校面向市场、对接产业发展需求提供优质的课程资源和教学服务。但是，由于市场治理结构还不完善，既缺少体现市场合作和产业分工的专业化教学服务组织，也缺乏引入这些市场优秀力量的动力和机制。

（2）合作模式单一，合作内容不深入

应用型本科高校要实现人才培养、终身教育、技术创新、社会服务等功能，必须与行业企业紧密结合，与地方社会经济发展实现良性互动，校企合作、产教融合应贯穿于人才培养的全过程。校企合作的深度和广度直接关系着人才培养产教融合的水平的高低和高等职业教育社会功能的实现。然而现阶段我国地方应用型本科高校正处于转型发展的初期阶段，校企合作主要局限于共建学生实习基地、订单式培养、岗位实操等，转型较快的院校引企入校建立校中厂或引校入企建立厂中校，但总体来看，合作模式比较单一，合作内容不够深入、系统、实在。出现这种局面的原因是多方面的，主要是校企双方对合作内涵和意义认识不到位，没有建立起合作的长久的发展制度和约束机制，企业出于自身的原因对合作缺乏动力和热情，地方高校对校企合作准备不足，没有制定出科学合理的校企合作方案。

受到传统教育观念的影响和办学条件的限制。部分高等职业院校还没有形成产教融合的意识，仍然坚持"重理论、轻实践"的教学理念，在课程设置、办学模式、师资力量等方面的条件无法满足产教融合教学的需求，给产教融合教学模式的构建与实施带来困扰。

课程设置不够完善。高等职业院校在专业设置、课程内容、课程结构等方面存在较大缺陷，专业设置存在盲从、跟风、墨守成规等问题，导致学科发展无法满足企业需求，学生就业困难；课程内容存在教材陈旧、技术落后、知识更新缓慢等问题，导致理论知识的传授与企业实践脱轨；课程结构存在课时分配不合理、理论无法联系实践等问题。

办学模式创新不够。高等职业院校在办学模式上一是过分强调整齐划一，缺乏行业特色、无法满足企业具体需求；二是基础设施落后，无法带领学生积极开展教学实践；三是战略定位落后，没有带领学生参与社会实践，走进工作岗位。

师资力量不够。产教融合要求教师不仅具备深厚的专业理论知识，更要具备丰富的职业经验和良好的专业技能，高等职业院校教师能否完成思想观念上、角色位置上和业务能力上的转变，满足产教融合的需求，成为产教融合能否顺利开展的关键。

目前，许多企业还没有意识到产教融合能给企业带来的切实利益，认为校企合作就是将企业作为学校的实训基地，履行培训学生的职能，无法为企业创造价值。对于产教融合在助推企业创新、提高员工素养、提高生产水平和效率等方面的作用持不乐观的态度。

（3）在合作对象的选择上存在误区

在社会主义市场经济背景下，行业之间的分工日益明确，企业的生产功能与学校的教育功能逐渐划分出明确的界线。企业以营利为发展宗旨，以追求利益最大化为主要目标，在行业竞争压力日益激烈的今天，不少企业缺乏参与产教融合的发展动力，即便是响应国家政策来参与职业院校产教融合，也多半是浅尝辄止，不愿与校方展开深入合作。校企双方在合作对象选择上都存在认识误区和实践误区。很多地方应用型本科高校在校企合作方面，往往急于求成，片面追求高大上，把目标瞄准域外大型行业企业，追求轰动效应，满足虚荣心理，结果由于自身条件和区位限制，合作效果不佳。

从企业行业来看，企业在选择合作对象时，往往追求短期利益，缺乏长远战略。由于地方高校处于转型发展的初期，能够为企业提供直接利益的能力有限，所以在短期利益驱动下企业不愿承担校企共育人才、扶持地方高校发展的社会责任，即使合作也更愿意选择那些科技研发能力强、人才培养产教融合的水平高、能够带来直接经济利益的老牌高校。尽管从表面看来，由于人才培养需要耗费大量的人力、物力及财力，所以不少企业在实际发展过程中，并不愿意将人才培养纳入产业价值链，更倾向于借助产教融合与校方展开合作，以此降低自身的人才培养成本；但发展事实表明，企业与校方开展合作并非"免费"，它们也需要向学校提供大量的资金、设备，为职业院校教学活动的开展提供保障，甚至也会定期到校参与学校举办的实践课程教学，这也将耗费大量的资金。正是基于此，与和校方合作相比，企业更倾向于将设备及资源用于内部人才培养上，这样一方面能体现出自身的人性化管理，提升对优秀人才的吸引力；另一方面也能将资金用于购买专业化设备或直接投放到生产一线，为企业带来经济利益。国内不少发展较为成熟且资金较为雄厚的企业加入职业院校的产教融合发展队伍，主要是考虑企业社会形象的塑造及企业品牌知名度的提升。与此同时，反观我国多数中小型企业，出于运营资金的压力，平时并不注重人力资源的储备，也没有将更多的精力和财力放在产教融合发展中。大型企业的不重视及中小企业的力不从心，使得职业教育产教融合陷入进退两难的局面。此外，职业院校作为以培养技术技能型人才为主的组织，与其他普通院校相比，在理论创新方面较为薄弱，也难以给处于转型升级中的企业带来具有潜在商业价值的思想。学校以培养人才为主要目的，强调"过程比结果重要"；企业则强调"结果比过程重要"，认为能为企业带来经济利益才是关键。这两种相反的思想主导的规章制度，若用于对同一群学生的培养，必然出现冲突，加剧校企双方的矛盾。在诸多因素的制约下，企业参与职业教育产教融合的积极性和动力不足。

企业和高等学校的合作，是企业和高等学校生存和发展的共同诉求，也是知识经济时代经济发展的核心力量，因为科技是第一生产力，校企合作正好可以实现科技创新和技术转化的良性循环。从现实来看，企业和应用型高校合作并不一定能给企业带来理论上的丰厚收益，这是校企合作中出现"剃头挑子一头热一头冷"的根本原因。首先，一些劳动密集型的中小型企业和一些从事服务业的企业，基本不需要本科层次的大学毕业生和先进技术支撑，缺乏和高等学校合作的动力。这种情况，在中西部地区的非省会城市大量存在。其次，应用型高校对大企业没有吸引力。应用型高校的人才培养、科学研究和社会服务水平有限，很难吸引大企业的合作。一些大企业校企合作"门禁森严"，科学研究的合作对象基本为"985""211"大学，所招聘的人才也几乎是"985""211"大学的毕业生。从国外应用技术大学的发展经验看，应用技术大学的校企合作主要针对中小型企业。

虽然大型企业愿意为学生提供顶岗就职的机会，但因现有的技术能力有限，岗位实操结束以后能留岗就职的学生数量较少，所以不少企业参与产教融合的投入资金与收入难成正比，反而给其生产埋下了诸多安全隐患，这致使校企双方在合作过程中难以实现共赢，也导致企业在产教融合发展过程中的积极性不高，不愿意投入过多的精力和资金成本。除以上两点因素以外，校企双方的文化差异，也是当前不少企业不愿积极参与教融合的主要因素。

（4）校企合作的经费难以保障

校企合作是一个复杂的系统工程，校企双方联合进行科技研发，共建科研和学生实训平台，都需要投入大量的人力、物力和财力。但现状是，国家和大多数地方政府鼓励和助推校企合作的奖励拨款制度和财政拨付机制还不完善，国家对企业深度参与职业教育的职业教育税费、信贷优惠政策还没落实到位，社会捐助渠道也不畅通。从企业层面来看，按照校企深度融合共育人才的要求，企业应当全程参与教育，对人才培养投入一定的人力、物力资源，但是目前的校企合作关系设计多以学校为中心，无法保障企业在合作中的获益，导致企业的积极性不高。从高校层面来看，部分经济发达地区的高校，经费比较充裕，而那些经济欠发达地区的高校，经费本身就不充裕，投入有限，校企合作的深度难以保证。作为行业发展的指导性组织机构，行业协会对于经济社会行业发展有促进作用，能够根据社会主义市场经济的变化完善岗位职能。当前，我国政府为了保证经济的有序发展，通过政策文件的发布强化了自身的管理职能，在很大程度上削弱了行业协会的指导职能，无法为产教融合发展保驾护航。尽管在产教融合实施阶段，教育部门出台了一系列政策性文件配合行业协会开展工作，但取得的效果并不尽如人意。另外，在我国相关法律文件中，行业协会在职业教育发展中的指导地位并未得到保障，没有充分体现其社会价值。之所以产生以上问题，除了国家法律规定缺位以外，也侧面反映了国内行业协会自身发展的不足，尤其体现为对行业岗位标准及课程标准建设的指导作用有限，在助推职业教育产教融合上缺乏相应的职能。目前，全国已成立六万多个行业协会，大致可分为中央、省级、市级与县级四大层次，在少数民族地区也相继开设了自治行业协会，为市场行业的有序、协调发展做出了巨大贡献。然而，在科技创新及商业运营模式变革的双重引导下，国内职业岗位发生了翻天覆地的变化，致使国内行业协会难以根据市场发展走势，给出更为详细的职业标准，协助企业发展。

职业教育产教融合涉及的内容较为丰富，除基本的人才培养以外，还需协助企业开展技术研发、产品创新等工作。日益丰富的教学内容和人才培养模式虽为职业院校教学产教融合水平的提升提供了发展路径，但也意味着需要投入更多的启动资金。职业教育产教融合如果仅仅依靠政府有限的经费投入往往难以为继。由于目前尚未建立与之配套的资金投入保障制度，加上科研创新存在诸多偶然性及不确定性，所以大部分企业不愿意将大量经费注入职业院校产教融合实践中，开展的诸多科研工作也时常因为经费问题陷入困境。现阶段如何确保职业教育产教融合资金的稳定投入，已成为业内人士探讨的核心。如果该问题不能及时解决，势必导致职业教育产教融合的价值大打折扣。

（5）双师型师资队伍建设滞后

校企合作需要校企双方共建一支具有双师素质的高水平师资队伍，很多转型发展的地方高校已经采取多种措施开展双师型队伍建设，但就现状来看不容乐观。很多地方高校刚从职业院校转为应用型高校，原来的师资以理论知识的传授为主，无法适应实验、实践等实践型人力资源的培养工作，更谈不上和行业、企业联合进行科技研发等应用型科学研究，服务地方社会经济发展的能力有限。而企业师资虽然实践动手能力强，但多数理论功底不足，且缺乏从事高校教学的基本技能和方法训练。师资队伍的薄弱严重制约了产教融合的深度和广度，影响了实践型人力资源培养的产教融合的水平。

（6）产教融合的水平保护机制和评估体系的缺位

有的学校即使制定了管理制度和产教融合的水平标准，在执行过程中也存在这样那样的问题，导致有章不依。例如毕业实习，很多高校学生实习时间长达一年，但如何对学生实习尤其是分散实习进行有效管理，如何规定高校和企业指导教师的职责，如何评价实习效果等这些问题还没有得到很好的解决。产教融合的水平保护机制和评估监督体系的缺位和不完善，导致目前大多数高校的校企合作处于散乱无序的状态，更谈不上保证产教融合的水平。

从目前的情况看，校企合作各环节如专业设置、师资队伍建设、实验室建设、课堂教学、就业前实践、毕业设计都缺乏与实践型人力资源培养相适应的产教融合的水平标准和规范的管理制度。

第三节　产教融合发展的路径的必要性分析

根据《现代职业教育体系建设规划（2014—2020年）》，我国现代教育体系除基础义务教育外，还分普通教育体系、职业教育体系、继续教育体系三部分。初等职业教育、中等职业教育、高等职业教育构成职业教育体系，高等职业教育里面分高职专科、应用技术型本科、专业学位研究生三个层次。而普通教育体系包含普通高中教育、普通本科教育、学术学位研究生教育三部分。高职教育是高等教育的重要组成部分，是高层次职业教育。《教育部关于加强高职高专教育人才培养工作的意见》（以下简称《意见》）指出：高职教育的培养目标是"培养拥护党的基本路线，适应生产、建设、管理、服务需要的，德智体美等方面全面发展的高等技术应用型专门人才；学生应在具备必备的基础知识和专门知识的基础上，重点掌握从事本专业领域实际工作的基本能力和基本技能，具有良好的职业道德和敬业精神"。《意见》同时指出："高职教育要以培养高等技术应用型专门人才为根本任务，以适应社会需要为目标，以培养技术应用能力为主线设计学生的知识、能力、结构素质和培养方案，毕业生应具有基础理论知识适度，技术应用能力强，知识面较宽、素质高等特点；以应用为主旨和特点构建课程和教学内容体系；实践教学的主要目的是培养技术应用能力，其在教学计划中占较大比例；要有一支'双师型'教师队伍；学校与社会用人部门结合，理论与实践结合是基本途径。"该《意见》对高职高专培养方案、知识体系、技术技能、师资培养、培养途径等七个方面做了明确要求。《教育部关于以就业为导向深化高等职业教育改革的若干意见》将培养目标定义为"坚持培养面向生产、建设、管理、服务第一线需要的'下得去、留得住、用得上'，实践能力强，具有良好职业道德的高技能人才"。该意见将高等职业教育培养目标明确指向为面向基层一线培养人才。

纵观我国高校产教融合，校企协同是高等职业院校开展高校的大学生"双创"教育重要的保障机制。高校的大学生"双创"教育发轫于 20 世纪 80 年代末期，我国高校开展高校的大学生"双创"教育已有约 30 年的探索和积累，已经将高校的大学生"双创"教育纳入高等教育体系。就高职教育而言，我国高职教育在 20 世纪末才得以高速和高质量发展，在 21 世纪初期形成办学规模，与本科教育相比高校的大学生"双创"教育起步晚，职业院校的大学生"双创"教育的理论研究和实践尚未融入人才培养的全过程教育机制。

一、提高人才培养产教融合的水平、提升办学水平的需要

技能和职业素质的培养一定要具备以下四个基本条件：

第一，有丰富工作经验的老师（师傅）。

第二，有一定的职业环境。

第三，有工作岗位这个载体。

第四，经验积累。

在技能培养过程中，学生要在老师手把手指导下，在工作岗位上接受长期的磨炼，积累经验，才能不断成长。正是基于此，传统的培养方式已经不能适应高职教育，只有通过创新培养模式，使高等职业院校和产业深度融合，才能培养出高技能人才。

职业院校的大学生"双创"教育 20 世纪 90 年代初期刚刚起步，发展至今，已经取

得了一定成效。行业、企业本是职业教育最大的受益者，但对推进高校的大学生"双创"教育关注度低，在校企合作中难以提供大学生"双创"教育实践平台，尚未建立大学生"双创"教育培训和大学生"双创"教育实践支撑和服务体系。目前职业院校的大学生"双创"教育主要以学校实施为主，主要教育实践活动还没有参与社会实践，尚未形成行业、企业和高校多主体协调推进的机制。政府层面虽然已经出台了一些推进大学生"双创"教育的政策，但是与社会、行业和企业相关的创业优惠政策难以真正落到实处，缺乏法律保护机制，也缺少创业资金支持。

二、行业企业发展需求

部分高等职业院校对高校的大学生"双创"教育认识存在偏差，调查显示：大多数高等职业院校的大学生"双创"教育依附于就业教育，学校把大学生"双创"教育作为提高毕业生就业率的一种手段，把大学生"双创"教育和创业混为一谈，只是简单地向学生传授创业知识和创业技能，未能形成重视创业实践体验的、完整的高校的大学生"双创"教育课程体系。如果说机器设备等固定资产等因素决定行业企业发展空间的下限，员工产教融合的水平、员工素质则决定行业企业发展空间的上限。培养出的高技能人才应有较高素质和技能，一毕业就就业，一进厂就上岗，实现就业零距离。目前我国职业教育已经在推进产教融合中形成了"订单式"培养、工学交替、校中厂、厂中校、"政、校、企"联动等校企合作育人模式，形成了"合作办学、合作育人、合作就业、合作发展"的校企合作人才培养理念。用人单位也节省了一大笔新员工上岗培训费，降低了企业成本。

三、社会经济发展由向人口要红利向人才要红利转变的需要

我国改革开放几十年，社会经济建设取得了伟大成就，在一定程度上，人口红利贡献很大。随着我国实际劳动力人口拐点的到来，原有的发展的路径难以为继，必须从"流汗模式"切换到"智慧模式"。它将构建政府、学校和社会三方新型关系，促进形成政府宏观管理、学校自主办学、社会广泛参与的新格局，支持社会、行业、企业以资本、知识、技术、管理等要素参与举办职业教育，从而建立健全政府主导、社会参与、办学主体多元、办学形式多样、充满了蓬勃的生机的高职教育办学体制，具备政府、行业、

企业和高等职业院校等多方主体协同融合，推进校企全过程培养人才的特点。

正是基于此，加快转方式、调结构、促升级是以后一段时期的"新常态"。创造人才红利，实施创新驱动是今后社会经济发展的助推器。产教融合是教育制度，同时它也是经济制度、产业制度的组成部分。

四、学生提升自我价值的需要

高职教育的职业性决定了学生能知晓所学专业对应岗位群，知晓通过三年大学学习能掌握何种技能，学习目标具体而明确。产教融合这种培养模式能激励学生学习积极性，有利于学生知识的构建、技能的掌握，更有"获得感"。另外，学习目标的明确可以更好地激励学生学习，在有效的动力助推下，学生更加具有强烈的自我存在感，进而自我价值相应得到提升。

第三章　高校产教融合体系构建

第一节　高校产教融合支持系统建立的动因

一、产教融合立法层面

2014 年，国务院发布《国务院关于加快发展现代职业教育的决定》，全面加快现代职业教育的发展。该决定明确表示，加快现代职业教育体系建设，逐渐深化校企合作、产教融合，目标是培育数以亿计的高素质人才和技术技能人才。该文件的颁布表明国家大力支持产教融合的发展，在制定和实施产教融合的促进政策方面，国家做出了一定的努力。然而，现实状况是我国还没有颁布专门的针对产教融合的法律和法规，虽然现有的法律、法规和政策在一些方面显示国家支持产教融合的态度，但是国家和地方政府暂未公布相关优惠政策、执行文件和法律法规，也未发布相关税收、资本等方面的支持，使我们的国家进行产教融合具有自发性和民间性。

产教融合发展未受到政策保障，有以下四方面：

第一，企业、高校、行业协会代表的非高等职业学校参与校企合作、产教融合的责任和义务不是很明显，缺乏参与产教融合中的企业、高校、行业协会各自的权利、必要的监管和法律和法规的约束，未充分保护多方的利益。

第二，政府没有颁布奖惩机制，不设定具体标准，没有对产教融合进行监督检查，没有合理地设计各种各样的奖励和惩罚措施。没有建立荣誉奖项，实施校企合作效果较好的高校、当地企业、研究机构、当地社区、个人、行业组织，也没有一定的赞誉和资金奖励，对违反产教融合法律和法规、政策的参与主体没有明确的规定加以惩罚和处置。

第三，有关学生权益的问题不能确定，对到企业实习的学生给予相关的报酬、补贴，以及在实习过程中遇到人身伤害如何处理，都没有确切的规定。

第四，政府缺乏部门对于支持产教融合方面缺乏自觉性。同时，产教融合过程中缺乏《中华人民共和国企业法》《中华人民共和国税收法》方面的法律和法规。产教融合法规制定的迟缓，导致参与主体的法律责任和权利不规范，无法可依。

目前，中国制定并出台了若干有关产教融合方面的政策，但这些政策还不够完善。在高校与企业开展产教融合的过程中，大部分的合作和方案都依靠口头协议，而非正式的合同协议。假设任意一方发生撕毁合同方面的违约问题，就不能依靠相关政策、法律和法规来评判问题的对错，往往使双方的口头约定失效而无计可施。

二、产教融合财政政策层面

目前，我国未建立关于产教融合方面的专项资金，虽然我国发布了"科技型中小企业创新基金""火炬计划"等项目基金，但这些项目都是以企业为中心、以高校和科研部为技术支撑的，正是基于此，如何分配所获利益比例、如何利用研发费用，这些问题都导致了企业、高校和科研部门的各自目标值相差较大。有关职业院校产教融合的税收优惠政策有两个政策文件，分别为财税〔2006〕107号和财税〔2007〕6号两项文件，文件中指出，参与产教融合且和高等职业院校签订3年及以上合作协议的企业，用于教学和提高技能培训的经费或购置设备的资金，实行企业所得税税前扣除。该政策在一定程度上刺激了企业参与产教融合的热情，但该政策没有落实和细化的内容。当企业在招收实习生而产生了生产成本和其他相关的费用时，没有文件给出相应的税收优惠，而通过减税或返还一部分费用，用以弥补企业参与产教融合产生的额外费用，这种想法是很难实现的，导致企业参与产教融合的动力略显不足。除了上述的两个政策，现行的《国家中长期科学和技术发展规划纲要（2006—2020）》中，参与产学研合作创新的一部分给予税收优惠政策，但针对性不强且内容较少，致使对产学研合作创新的激励不足。而政府对研究型高校的资金投入有了很大的变化，相对以前的资金投入情况，现在政府增大对科研项目的资金投入，正是基于此，激发了研究型高校申报科研项目的积极性。而相对于普通本科高校而言，国家投入学校的教育经费还远远不够，办学资金十分缺少，有些高校的负债问题更是在很长时间内才得以解决。从高校自身的层面来说，高校若能自身通过科研项目，给广大教师投入项目经费，也是一种解决高校研究经费不足的好方法。科技研究与开发经费的支出与 R&D 占 GDP 的比值是衡量一个国家支持产教融合、增强科技竞争力的重要指标。我国 R&D 的投入经费逐年增加，而相对于 GDP 的快速增长是不够的，也已成为我国高校产教融合发展的重要障碍。过去 5 年里，我国 R&D 支出额逐步增大，R&D 占 GDP 的比值也逐渐增大，总体来说，投入总数虽然庞大，但投入强度不强。国家对产教融合缺少经费支持，在我国各级政府、企业、学校合作的过程中也缺乏资金的问题，缺乏对产教融合支持的专项拨款。缺少稳定的产教融合资金来源，现有"科技型中小企业创新基金""火炬计划"等项目基金都是基于企业为中心，高校的作用仅仅是提供技术支持。所以，企业、高校之间的利益难以平衡，原因是研究资金及开发所需成本的发放，二者之间的期望值有天壤之别，导致高校和研究机构对此类项目基金申报的热情不高，参与主体不能保证，使得产教融合发展比较迟缓。目前，我国缺乏具体的、有针对性的职业院校产教融合发展的财政支持政策，现有的财政支持政策对职业院校产教融合支持力度不足，相对分散。虽然当前的国家财政政策表明了支持产教融合发展的态度，然而并没有实际操作能力，导致了大量的职业院校虽然有与企业相互合作的愿望，但企业无法从中保障自己的利益。地方政府在不断增加财政支持产教融合创新的教育费用。有关产教融合税收优惠政策，我国发布得较少，有效的鼓励措施是企业主动参与的动力。

三、产教融合组织保障层面

产教融合能否持续、深入开展，促进政府、高校、行业间良好沟通，构建专门的产教融合协调机构是核心。政府需要建立一个长效的组织保障，来对产教融合的各利益主体进行审批、监督。由于目前我国政府没有建立专门的协调机构，来负责高校产教融合方面的设计、审批、考核、监督、评价，所以项目本身缺乏内在动力，企业主管单位、行业部门、财政部门、劳动部门等部门也因利益分配的问题，得不到大力的支持，产教融合只有靠老关系和已有的信誉来支持，没有组织的协调作用，难以形成长效的组织保护机制。为了加强彼此间的协调，保障产教融合组织运行的有效性，应建立从中央到地方各级政府部门间、高校与企业行业间的多层次协调机构，明确赋予产教融合协调机构的职责和权限，加大产教融合的组织保障能力。产教融合实施较好的国家（地区）都有完善的组织保障来均衡各主体间的利益。各国（地区）均建立了产业合作管理协会，控制和监督企业和高等院校。

　　早在 1962 年，美国建立了合作教育管理协会，并于 1963 年建立了合作教育协会，全面负责协调企业、高校和学生三者之间的关系；韩国在文教部建立了产学合作科，完全掌管产教融合方面的工作。良好的产教融合组织运行机构，能将有效解决各个过程中遇到的难题。

四、产教融合评价体系层面

　　产教融合和学校教学工作相同，若要保持持续健康发展，必须构建科学合理的评价体系。由于我们国家对产教融合的评价体系重视不够，截至现在，产教融合的评价体系还不是很完善。应用型本科高校需要在政府的指引下，与企业、高校、行业机构共同建立 360 评估系统，按照合作的效果来找出差距，总结教训，进而制定更合理的合作方案。政府、高校、社会以及合作中的各大主体应严格地对合作效果进行考查和评价。产教融合的内涵和外延要求培养人才的产教融合的水平、管理水平；同时，也要考虑到企业产生的利益、企业合作产生的成本、培养专业的专业技术人员的数量等。只有借助有效的、可操作性的评价体系，才能检验出产教融合的有效性以及正确性。产教融合评价体系不仅能直接体现为企业所培养的实践型人力资源能否达到企业的人才定位，还能体现为能否帮助企业获得最大的利益，更显现为能否为区域经济发展发挥最大的作用。

　　产教融合评价体系没有建立高校产教融合专家评估机构，其职责是在产教融合的项目中，关注各主体之间的进展和评估，对其应谨慎调查，谨防合作各方进行欺诈和欺骗。其次，没有建立高校产教融合的协商和仲裁制度，其任务是结合系统和管理手段，帮助解决高校与企业间合作中存在的矛盾，增加合作的稳固性。促进产教融合合作各方积极完善产教融合评价体系，鼓励生产，逐步开发以市场为导向的研发活动，项目验收的科技、科技奖励、职称评审结果的检验，应注意结果的创新、创意和技术水平，注重成果的适用性和社会主义市场经济产业化发展前景，产教融合合作的评价结果。

第二节 高校产教融合法规支持系统建立

我国在校企合作、产教融合等方面的相关法律和法规还不够完善，虽然国家于1996年颁布了《中华人民共和国职业教育法》，于1991年颁布了《国务院决定大力发展职业技术教育的决定》，于2010年颁布了《国家中长期教育改革和发展规划纲要》，包括职业教育产教融合的政策和法规出台了不少，而针对高校产教融合方面几乎没有颁布的法律和法规。1999年至今，我们国家进入全面发展大众教育阶段，地方本科院校的办学目标逐步建立培训服务地方经济和社会发展的技术型人才。产教融合已成为高校人才培养产教融合的水平的关键环节，然而，与校企合作、产教融合配套的政策文件仍然缺失明显。职业院校需要某种支持时只能参考职业教育校企合作的法律和法规和政策。研究现有的政策、法律和法规，可以得出：大部分属于国家政策，法律和法规规定缺少；规定性较多，实际可操作性措施太少；教育部门文件较多，其他政府部门和合作企业的文件较少。国外校企合作的成功经验告诉我们，一套严谨的、可操作的法律和法规，是校企合作、产教融合的基本保障。

一、产教融合法规制定的必要性

完善的法律和法规对产教融合有序发展起到了重要的监督作用，使产教融合真正做到了有法可依、违法必究。国外许多国家都有一套完备的法律监督体系，对产教融合的各个方面实施全方位的监督，其中，比较典型的国家是德国和美国。德国对校企合作、产教融合的管理主要是通过立法的形式来监督，这种法律和法规体系比较完备，结构紧密，相互协调，对监督、经费、政策落实全方位保障。德国政府及其行业组织发挥了监督、评价和指导的作用，经多年的经验验证，该法律和法规对校企合作、产教融合发挥了重要作用。

德国政府规定，联邦和地方政府有权监督企业和高等院校，同时明确相应的行业组织有监督企业和高校的权力，工商业协会成为产教融合的主管部门。行业协会有权对产教融合机构和部门进行监管，对产教融合的发展有着特殊的作用。行业协会的职能是规范行业的生产和销售行为，保护其成员的生产和生活的利益。德国政府已成立了产业合作管理协会，可以控制并监督企业和高校。同时由行业协会制定统一的职业教育能力要求，为企业和高校建立了专门的管理组织，为合作顺利进行提供了保障作用。德国政府在《职业教育法》中通过立法形式限制了培训合同的地位。职业培训合同是建立产教融合的重要内容，在职业教育体系中，学生进入企业之前，需要进行职前训练，首先符合一定资质要求的企业签订了明确的培训合同和合同形式，合同需要根据法律的规定，将培训方法、目的、内容和时机等详细规定。德国职业教育校企合作的各个方面都有一套监督机制，使德国职业教育产教融合实现依法治教，违法必究，使得产教融合健康有序地发展。

美国产教融合的法规对政府、企业、高校给予严格的监督，对产教融合制度高度重视。美国早在1962年就组成了国家级合作教育管理协会，该会由教育专家和知名企业家组成。20世纪90年代，美国成立必要技能部长理事会，目的是监督学生是否掌握了在未来职业上所需的高效技能。在过去的每一次改革中，美国政府都率先启动法律程序，用法律手段来规范教育的改革与发展，大大促进了高校与企业之间的合作。每部教育法都对项目进行严格规定与管理，规定分配经费、使用经费、监督等。事务要按照一定的规则发展必须拥有强制的手段，必要时处以监督和处罚。日本的《产业教育振兴法》和《职业训练法》均有违法处罚措施的规定，违法者需要被起诉。国家想法和意愿和高等教育发展是产教融合法规的理念，时代背景和实际面临的问题是产教融合的根本。政府的客体是政策和立法，产教融合的法规强调各级政府的权力，建立一整套职业能力发展体系，从中央到地方，既有利于现有的法律和法规，又能宏观管理。经费保障是产教融合得以持续发展的重要因素，企业、高校需要源源不断的资金来得以继续合作。各级政府、高校、企业都应设立专项资金，并颁布税收优惠政策，来有效地保障校企合作、产教融合的发展。国外许多国家通过颁布一些产教融合的法规，来保障经费的来源。德国有关校企合作的法规规定职业教育所有费用均由国家给予承担，德国企业也将拥有培训过的员工作为企业生存和发展的先决条件，愿意承担在工厂培训的学生的所有费用。所以，在德国的高校和企业之间进行合作的经费是政府和企业共同承担的。

一是企业经济保障。企业提供经济支持是校企合作的重要保证。不是所有的企业都能得到培训经费，只有培训企业和企业培训中心才有。经费多少的差异取决于不同年限的培训、不同地区的经济发展水平以及不同规模的企业。企业可以获得100%的培训补助金的先决条件是培训的职业与发展的趋势，在正常情况下，企业获得的培训补助在50%~80%。

二是政府资金保障。德国《职业教育法》明确规定国内生产总值的1.1%和工资总收入的2.5%用于职业教育。当德国在"二战"后经济困难时，政府也将保障资金用于职业教育，并由议会授权监督；《劳动促进法》规定要为专业进修提供援助，并处理学习期间的收入、待遇等问题。

产教融合法规的制定是助推国家、地方颁布产教融合政策的有力途径，企业、高校之间能否保持深度合作依赖于一国法规的要求。产教融合法规可以使产教融合的政策更加具体、明确、可行，可以使产教融合中所需的人力、资金、设施及运行得到根本的保障。目前，我国有关产教融合的法规还没有建立起来，政策扶持力度有限，不能完全适应产教融合发展的实际要求，并且由于体制的问题，产教融合、校企合作的政策也难以落实。只有当产教融合法规逐渐完备起来，在政策、体制等层面加以保障，才是产教融合得以长远发展的根本。德国通过立法的形式，规定了参与产教融合的企业的责任和义务，并颁布了相应的要求，并助推了大量政策对进行产教融合的企业严格控制，一些不符合产教融合规定和标准的企业是禁止招聘学徒工人的，以确保产教融合的水平和达到的高度。为了调动企业合作的热情，美国政府给予企业一定的优惠措施，如规定产教融合的合作费用包括生产成本、税收减免等。同时，国家拨付专款，与州政府和工商等部门共同设立跨企业培训中心。联邦政府为产教融合各个环节提供了一个明确的、统一的制度，以促进产教融合往更高层次的方向发展。从美国、德国等国家在校企合作的经验可得到，政府制定产教融合法律和法规，在引导监督、规范方面发挥了较好的作用。由于政府的高度重视，产教融合法规的积极支持，学校在教学、科研、管理和社会服务方面开展校企合作，学生、老师、学校、政府等主体分别通过各自的方式、方法支持和参与校企合作，形成了良好的校企合作、产教融合的社会氛围。

二、推进产教融合法规制定的具体路径

近年来，虽然我国政府积极倡导"以服务为宗旨，以就业为导向"的职业教育发展思路，并颁布了一系列的政策，促进产教融合的深入发展，但国家颁布的立法较少，关于普通本科高校产教融合相关工作的解决方法缺乏相应的法律规范和相应标准。产教融

合主要利用高校和企业或科研机构和企业的不同合作方式，展示各自的优势和实力，根据资源共享、互惠互利的原则，一边培养实践型人力资源，一边发展科学技术。教学型院校运用的"合作科教"方式，不能达到企业的要求。运用"合作科教"方式的目的是培养一批具备创新能力且高级技术的实践型人力资源，在资源可以共享的基础上，如果没有做到互惠互利，也没有国家的宏观政策和法律保障，一切美好的"合作科教"方式不会长久发展下去。

产教融合在德国、美国、韩国、日本等国家得到了较好的应用，各个国家的法律和法规和政策均予以支持，鼓励企业积极参与产教融合，并及时规范关于产教融合中企业和高校的权利和义务，政府在政策、财政等方面都给予大力支持。如德国政府自 1950年以来，相继颁布了《企业基本法》《高等学校总纲法》《劳动促进法》《青年劳动保护法》等 10 余项法律和法规，规定了产教融合中高校和企业各方的责任和义务。我国政府应该加快立法工作，早日实现产教融合的法治建设。

国家和政府应该加强宏观管理和指导，鼓励行业、用人单位和高校参与产教融合政策和法规的制定，比如制定有关鼓励行业、企业参与产教融合实践型人力资源培养和产教融合研究促进方面的法律和法规，利用法规法律来进一步明确企业和行业在产教融合培养实践型人力资源过程中的权利与义务，特别是对参与产教融合的行业、企业，对其参与培养实践型人力资源的性质和地位做出具体规定，为其提供政策和法规的保障。目前，我国的不同地区、不同层次的产教融合在不断地尝试和实践，这些实践将为建立标准化的产教融合提供宝贵的经验。

宁波市颁布了《宁波市校企合作促进条例》，其产教融合开展得很好，发挥了重要作用。该条例颁布的意义和范围明确了校企合作的运行规则，建立了校企合作开发专项资金。该条例的颁布助推了其他省市制定产教融合法律和法规。产教融合运行较好的国家，除了制定国家级法律和法规外，同时也制定省级和地方的具体的法律和法规。如加拿大的阿尔伯塔省制定了《学徒制与产业培训法》，规范了学徒制和产业界，加强了培训学徒工作。各级政府应充分利用当地的优势研究制订可行的和实用的产教融合法律和法规，以及更适应当地经济发展的实施细则，建立可行的产教融合标准，支持和引导普通本科高校产教融合的长期机制。我国政府对普通本科高校产教融合的专门法律和法规需要尽快制定并颁布，更深地明确产教融合中高校、企业和学生的权利、义务及互相的关系，维护双方的合法权益，限制产生机会主义的可能性，努力减少产教融合的成本。及时有效的法律和法规建设将有助于产教融合制度化教育建设和良性运行。我国可以建立特殊的和专门的产教融合法律和法规的实施条款，以法律的形式来规范产教融合的良性运行，明确产教融合的管理模式、人才培养模式和经费的使用，以及相应的奖惩机制、政府部门的责任、法律责任等。

在法律的监督下，政府应该依据区域的实际发展现状，建立健全产教融合支持系统，通过建立产教融合各级教育管理协会进行加强指导和协调。一个现代企业人才培养工作的特点应是建立现代企业教育制度。制定职业等级标准辐射所有就业准入制度，改变现有的就业准入制度的现状，健全就业准入制度。各级政府应该加强对产教融合法律和法规的重视程度，加强监管，使我国普通本科高校产教融合的基本政策和法律保护得以正常运行。目前，产教融合立法在我国仍处于起步时期，虽然引入了许多刺激和促进产教融合的法律和法规和政策，但缺乏配套的实施细则、良性制度保障和协调监督机制。政府应该尽快制定企业参与产教融合的税收优惠等具体措施，使企业对高等教育投资的热情高涨。政府和行业需要共同制定实施细则，包括奖励、惩罚、企业承担的义务和责任。政府和行业共同制定有关政策，用以支持企业更深入地参与到产教融合中。

第三节　高校产教融合财税支持系统建立

我国产教融合发展的主要障碍是缺乏财税的支持。为了促进产教融合的顺利开展，我国各级政府除了设立专项资金之外，还应颁布税收减免政策，设立产教融合贷款及创新资金，建立风险投资机制等，从而促进产教融合的长久发展。目前，产教融发展较好的国家通常选择减少直接拨款比例，增加财税、金融方面的间接资金来支持产教融。其经济优惠政策包含税收减免政策和资金优惠政策。资金优惠政策的主要途径是建立风险投资基金、设立专项贷款制度、实行资金保障和发行股票、债券筹资等。税收减免政策主要包括减免新产品税和科学技术投资等。除此之外，加速生产资料折旧也是许多国家制造业通常采用的刺激企业投资创新发展的办法，其实质是提供无息贷款给企业，即利用减税的方式来回收成本，同时将节省的资金用于新的投资项目。德国基本法明确规定将从国内生产总值中拿出一部分，来保障产教融合资金的周转。澳大利亚政府参与融合，对接受学徒的公司提供资金援助，扩大了资金支持渠道，使企业生产和教育更好地融合。不仅国家将大力为企业筹措资金，企业也积极地提供资助。国外有些国家做出相关规定，企业要每年拿出一部分资金，然后再由政府统一发放。多渠道的资金来源使发达国家产教融合经费来源的保障能力增强。韩国的科技技术创新体系由政府、企业、高校、科研机构组成。韩国政府制定了大量的财政补贴和税收优惠政策，加快技术创新，并为了促进技术发展，逐渐扩大科研技术渠道。比如，允许将企业利润的20%作为研发投资，并且保证在前两年，可以将此资金作为损失处理。为提高资源利用的效率和科学技术的研究和开发率，改革政府的科学研究体系，把研究所从政府部门分离开来。为了加速工业技术创新的步伐，研究所逐步私有化，政府支持的项目资金逐渐减少。政府鼓励一些实力较强的企业建立自己的研究机构，对应交税款可以给予适当减免。

一、建立多渠道经费保障机制

为了促进普通本科院校生产、教学一体化，我国各级政府、大学、企业应当建立产教融合教育专项资金，促进有效的整合发展。首先，明确各级政府的责任和投资的比例，逐渐从设立的产教融合专项资金中支出。其次，建立一个稳定的金融投资增长机制，根据职业院校教学的实际需要增加财政投资比例，以确定发展目标与职业院校及其财政支出的一致性。各级政府也可以建立产教融合政府教育奖励基金，鼓励多层次合作，奖励在企业、教育和个人中有突出表现的。目前，中国浙江、重庆和其他地方，由政府建立产教融合教育专项资金，支持和奖励实施产教融合较好的优秀用人单位和高校，保障了参与者的利益，并取得了令人瞩目的成绩。设立产教融合专项资金，是当今许多发达国家支持高校、企业互相合作的重要途径。如美国、英国、德国、澳大利亚等其他发达国家都把设立产教融合的专项资金作为长久发展的标志，并把其相关规定写到法律和法规中。如美国国会通过的《高等教育法》规定，拿出一部分资金来支持、鼓励产教融合的发展，将有关产教融合的教育资金作为单独的事务，重点管理。英国政府拨出125亿英镑，促进项目的发展，这一举动受到一致欢迎。在有限的政府开支条件下，我们的大学应积极倡导设立专项资金来支持产教融合的开展，用于建设人才培养基地，支持高校和企业共同研发课程，支持教师参与产教融合实践的项目。高校对资金进行筹备有以下几种途径：

第一，大学和地方政府之间开展合作项目，建立产教融合的生产和教育创新基金，参与项目生产和教育的高校教师和学生提供援助，包括实践基地基础设施支出、课题经费等；大学可以签合同，对象是企业和政府部门，从而获得横向课题研究经费。

第二，大学还可以吸收社会力量，获得各种私人、企业、团体的捐赠，如校友基金会，促进政府和社会力量的结合，形成一个强大的教育保护机制。资金是一个企业生产得以正常运行的关键因素。政府应鼓励企业建立产教融合专项资金，进而促进产教融合深层次的发展。企业设立特别基金的方式有：

一是对与企业合作的高校提供励志奖学金、产教融合专项基金；

二是对到企业有过实践培训的教师学生，提供相应的薪酬；

三是企业要按规定时间交付一定的资金，该资金用于企业培训，由政府统一发放。根据专业培训的时间、地区和规模的差异，一个企业可以取得相应的资金也是有所区别。良好的环境，是鼓励、引导企业大量投资、产教融合可持续发展的重要条件。国家有关部门应该成立一个产教融合专项贷款，专注于培养具有社会主义市场经济产业化发展前景的创新集成的项目。对那些周期较长、资金需求较大、企业扶持困难的高科技项目，提供必要的配套资金，还要建立相应的审查和监管机制。产教融合创新资金是用来促进重点扶持初创业阶段的中小企业与高校进行合作的。对于创业初期的中小企业来说，融资是非常困难的，创新资金的设立是被广泛需要的。产教融合创新资金是企业能够前进的动力，奠定了与高校合作的基础。中小企业专项资金主要采取财政拨款的方法，50%~60%是由中央财政支持的项目，其余部分由地方政府和企业提供。另一个重点是专项资金支持大型企业与高校开展合作。这主要针对大型企业虽然有一定的创新资源和能力，但往往缺乏合作创新的动力来支撑。大型企业的专项资金，可以通过免费或补贴贷款，加快高校与企业更高层次的合作。风险投资对互联网科技产业的发展具有十分重要的意义。各级财政应每年应拨出一部分专项资金作为产教融合科技风险基金和贴息资金，来保障企业的发展，风险储备基金允许从风险投资机构的投资总额中提取、使用。美国政府为了鼓励产教融合的产业投资，大力促进私人风险投资的发展，从实践的角度，为正式组织和运行风险投资，但借助优惠政策的方式来为风险资本投资提供法律保障，在短短10年里，就将风险企业的所得税率从49%降至20%。具体做法是：风险投资额的60%免除征税，其余的40%缴纳50%的所得税。该措施的实施，使美国风险投资在

20 世纪 80 年代初，以每年 46% 的速度增长。由于风险投资的参与，促进产教融合科研成果转化的周期从原来的 20 年缩短到 10 年，进而激发了美国风险投资的高速和高质量发展，促进了美国经济的高速和高质量发展。我国应加快建立产教融合风险投资 360 评估系统，并建立一个可操作的、科学的、有效率的评价程序，最后，能够在某种层面上识别和控制风险。

二、构建全方位财税政策支持体系

产教融合的迅速发展，使财税政策支持体系的建立迫在眉睫。体系的内容具体如下：

第一，积极引导企业主动参与产教融合，政府需要建立一个全方位的财税政策支持体系。鼓励行业组织、企业建立高校的培训，参与企业实施减免土地税，本科院校办学经费税收也可减免，还可以进行部分救济，政府对参与产教融合发展的大、中、小企业都给予一定的财政补贴和支持。通过扩大的土地面积，企业享受税收优惠政策，学生在实习过程中因报酬出现的生产成本，享受职业教育税费抵扣待遇。

第二，高校教育基金应按职工收入的 1.5%~2.5% 提取，在政府的统一管理和分配后，纳入产教融合专项基金中，剩下的资金直接退款到高校。

第三，政府应该对企业税收政策进行顶层设计、宏观管理，弥补企业参与生产和教育的支出成本。

政府需要在企业的增值税、所得税和教育的附加费以及营业税等方面上给企业一定的税收优惠政策，把企业的积极性调动起来，让更多企业参与到产教融合中，培养出更多拥有高素质的技能人才。许多发达国家通过税收优惠来促进中小企业和高校建立合作关系，使企业、高校之间产生相互依赖和信任。如英国政府对投资每年超过 5 万镑、年营业额不到 2500 万镑的中小企业，使其享受减免 15% 的税收优惠待遇；与高等院校合作没有盈利的中小企业，可以提前申请税收抵免，相当于 24% 的税收资金重新返回到企业手中。

企业可以通过安排学生到企业参加实践、培养学生的实际操作能力，来得到教育税收减免，当然这是在企业与高校签订计划的前提下。许多发达国家均制定了相似的税收调剂政策，即规定各个企业使用应缴增值税额的 0.5%~2% 来帮助高校培养学生的实践动手能力，这是企业为国家、社会培养人才的责任和义务。假设企业不能履行这个责任，其应缴增值税额的 0.5%~2% 不但需要补交上去，而且还要接受一定的处罚。德国政府为了调动积极的企业参与到产教融合中，也给予公司一定的税收优惠政策。企业在培训学生时，必然产生基本的生产成本，对于这部分的教育费用和成本费用，税收全部减免。与此同时，加拿大政府也通过退税政策鼓励用人单位与高校密切合作，以确保顺利进行。我国应尽快建立一个全方位的财税政策支持体系，鼓励企业与高校深层次的合作，减少产教融合各方的直接成本支出，为产教融合的顺利达成和正常运行提供基本的保障。

第四节　高校产教融合组织支持系统建立

《国家中长期教育改革和发展规划纲要（2010—2020）》指出，"建立健全政府主导、行业指导、企业参与的办学机制，制定促进校企合作办学法规，推进校企合作制度化"。高校、企业之间的发展当然也需要制度化及规范化。近几年，高校与企业间的互动掀起了一股热潮，受到社会各方的关注。但由于目前产教融合体制不完善，缺乏有力措施来规划、布局，所以产教融合的效能还未发挥。只有通过建立产教融合的组织运行管理机构、健全产教融合制度保障，才能来解决政策制度不到位等实际问题。

一、建立产教融合组织运行管理机构

在企业与高校的合作过程中，会涉及许多职能部门，这些部门中出现利益冲突时，必须建立一个专门的产教融合协调机构，让其来解决各部门出现的难题，协调产教融合中出现的各种矛盾，从而保障政府、企业、高校的正常运行。

产教融合协调机构的主要功能如下：

（1）协调企业、高等院校等多个主体之间的利益，在资本投资、合作方式和产教融合创新的渠道上，提供具体的细节管理和协调，监督生产和实施项目。

（2）联合政府部门、高等院校，大力开展产教融合创新的相关理论研究和政策分析，制定实用和有效的政策措施，促进产教融合的顺利开展。

国外产教融合发展好的国家都成立了专门的产教融合协调机构，用来管理和沟通学校、企业和行业之间的工作。例如，德国的产业合作管理协会，监控和监管企业与高校的所有事务；韩国的产学合作科，全面掌控合作中的所有问题；美国早在 20 世纪 60 年代时就建立了美国合作教育协会，用来负责各主体之间的关系。

通过成功的案例可以知道，深入开展产教融合的关键是由教育、财政、行业等部门统一联合建立产教融合决策与执行管理协会，共同为高校产教融合搭建平台，负责统一调度的工作；积极沟通政府、高校、企业之间的相关信息，负责高校、企业双方的沟通；寻找更多企业与高校合作；对产教融合的过程进行监察，必要时实施奖惩。

产教融合教育决策管理协会和产教融合教育执行管理协会构成及其任务如下：

第一，产教融合教育决策管理协会由政府牵头，构成部门分别是教育、财政、发展等部门，推进产教融合工作协调指导小组的作用，加强部门之间的统筹协调，形成政策合力，尽快发布促进产教融合的指导意见。产教融合教育决策管理协会是做决定的组织，其任务是研究高校产教融合发展形势，规划高校发展目标和内容，协调各主体间的利益关系，制定并落实政策，检查和推进教育工程的发展。在允许的情况下，企业、高校和第三方服务机构代表也可成为产教融合教育决策管理协会的成员。

第二，产教融合教育执行管理协会可由政府相关职能部门的成员和第三方服务组织构成。该管理协会是将产教融合教育管理协会的相关计划、目标、任务给予落实并实施，与各大高校、企业经理、行业经理和第三方中介组织的经理通过开会讨论、洽谈等形式确定可实施的项目、伙伴以及实现双赢的途径。

产教融合的有效发展是建立在组织保障的基础之上的，然而，在实际调查过程中发现，大多数职业院校目前还没有专门负责产教融合的协调机构，多数是代管，其产教融合行为很多处于无组织的混乱状态中。正是基于此，高校应逐渐建立专门的产教融合协调机构。由学校设计规划，组建"行、企、校"为一体的产教融合协调机构，以此为平台，以促进"行、企、校"合作主体间紧密衔接、深度合作。按照严格的标准和要求，可建立如下管理协会：

第一，教育规划和专业设置管理协会。其责任是把握行业的发展动态和国内外高校教育发展前景，从宏观方面指导高校的总体发展方向；提供行业标准、岗位能力目标，对主要设置、课程发展、教师队伍建设等进行研究；全面掌握高校、企业目前面临的问题。

第二，师资协调管理协会。基于企业、学校协调的前提下，建立校企人事工作轮换制度、互相聘用制度等；建构"请进来，走出去"的教师互动机制，形成一个稳定、共享、高质量的产教融合的数据库。

第三，项目管理管理协会。管理所有事务过程中项目的合作，主要包括：一是项目的过程管理：包括发起、计划、规范安排；二是项目资源管理：其一，人力资源管理，包括合作对象的人数、责任、事务、管理费等；其二，资金管理，包括成本分布、年度利润分享、合作的预算和结算等；其三，材料设备资源，包括常用的合作办公设备、教学设备、培训设备的合理使用和适当的管理。

大多数企业设立组织机构是为了企业的经营，产教融合协调机构在企业中设立比较罕见。企业应设立专门的产教融合组织管理机构，按照规章制度来承担其应尽的义务和责任，鼓励高校学生与教师到公司进行学习和进修，为各大高校提供训练场地、基本设施，规定特定人员，做好安全讲解；利用好高校的优秀人才资源，与高校进行产品研发与攻关，为企业未来发展打下坚实的基础；将企业的需求融入产教融合发展过程中，通过制定目标、联手培养优秀人才，并提供基础设备支持等途径，与高校联手，共同培养满足经济发展的必要人才。产教融合协调机构不仅能为企业节省人员招聘费用、缩短职工工作时间、降低职工流失的风险，同时，为企业带来巨大的利益诉求。

二、健全产教融合制度保障

政府应该建立专门的产教融合监督检查机构，让相关部门对产教融合项目及其实施情况进行监管和评估。同时，监督检查机构应努力构建顺畅、监管有力的产教融合监督检查工作体系以及长久的监管工作机制，加快监督检查工作的制度化。除此之外，监督检查机构还应不断完善监督检查方式、方法，将有力的监督检查工作落实到产教融合的各个环节中，以助推产教融合监督检查工作的科学化。政府还应建立产教融合的评估体系，制定科学的评价标准，建立严格的评估过程，对产教融合进行全方位、多层次的评估。评估内容不仅是监督是否符合国家的法律、法规，是否对当地区域经济产生影响，还要评估高校所在的地方政府在产教融合中发挥的作用如何。以评估系统为基础，逐步建立激励机制，鼓励企业积极参与，激发他们的热情，对取得良好成果的企业施以多方面的奖励。如在人才培养、技术研发创新、企业综合实力评价等方面。目前，大多数高校向企业寻求合作仅仅是为了生存和发展，能够随着市场的发展趋势谋一席之地。企业、高校、行业间需要拓宽渠道，进行形式多样的、全方位的深度合作，逐步推进产教融合的深层次发展，积极研讨有效的产教融合模式，如技术研发、岗位承包等，从而形成稳定长期持续的关系，促进产教融合在人才培养中发挥最大的作用。传统产教融合存在一定的弊端，我们应敢于创新，研究更多适合于我国国情社会发展的、有效的、多层次的高校产教融合模式，对企业的合法权益加以保护，鼓励企业积极介入，调动其参与热情。

产教融合的创新机制需要企业、高校、政府、行业多方面一起完成。政府应该做好规划、统筹角色，全面创造一个良好创新氛围，创造平等合作、多方共赢、全面提升的氛围，来保障高校产教融合有序地发展。政府的支持和鼓励是高校产教融合发展的重要的保障。政府是产教融合过程中最直接的宏观管理者与决策者。政府应将各部门的任务、行动统一规划，积极开展产教融合，制定相应的法律和法规、制度，为产教融合提供良好的环境及资金支持；确定各主体在产教融合中的权利及义务，规范产教融合行为，为高校产教融合的长远发展提供基础。促进政府宏观管理主要体现在以下几个方面：

第一，完善政策、法律和法规体系。高校产教融合发展需要有政策、法律和法规及资金的支撑，只有具备完善的产教融合支持系统、多元化的产教融合模式，其才能持续、健康地发展。

第二，采取各种措施，指引产教融合各主体开展联合创新。采取各种手段和措施，积极开展产教融合，各主体通过创新联盟、产学研相结合等各种形式开展联合创新，将产教融合创新与市场创新、技术创新等有机结合，从而有效提高产教融合创新的总体水准。

第三，完善高校内部调控机制，加强改革，扩大高等教育的自主权。高校可以根据需要调整组织管理体系、专业设置，并决定办学模式和管理体系，以实现产教融合的自我调节。高校建立和完善弹性学制，呈现学习的时间尺度、学习过程的实用性以及学习内容和学习方式的选择性。大学要加强自我内部改革，努力建立教师愿意开展科技服务和技术服务的气氛，使其愿意为企业和社会带来新的服务技术。新形势下，应该有效整合生产活动和教育教学的资源，实现校企合作、产教融合的有力发展。学院和大学应该建立在互利共赢的基础上，建立产教融合长久的发展制度和方式，充分发挥高校的专业技术长处、教育教学的资源长处等，结合企业、行业的需求，积极提供支持和保障，包括人才、科技、教育培训等。根据高校与企业的现实状况，开展多种方式的合作，努力探索建立一个稳定的、长期的人才培养模式，培养满足社会和企业的需求。

第四，完善企业内部调控机制，加强现代企业治理机制，明确责任关系，通过规章制度来规范产教融合合作活动，形成长久的发展制度。企业应当建立产教融合的内在需求机制，提高对产教融合的认识，因为产教融合对国家、社会发展的意义重大。企业应积极主动地参与产教融合活动，采取有效措施来推进产教融合快速的发展。

第五，建立风险预警体系。因为缺乏制度约束与保障，公司承担风险与压力，合作的风险性贯穿于产教融合的全过程，然而，高校自身并不具备实力把资金转化为产品。正因为如此，公司对大多数成果的转化不想承担过多风险，只想承担少部分风险。企业希望国家通过有关政策规定或介入风险投资机构、金融投资机构的方式，去跟企业共同承担风险。所以学校和企业应在政府、行业的指导下建立风险预警体系，从而最大限度地减少产教融合的风险损失，以提升产教融合发展的效益。产教融合中的参与主体——企业、高校都可以在不给对方造成巨大损失的前提下，退出合作。

第五节　高校产教融合综合评价支持系统建立

建立完善的高校产教融合 360 评估系统是双方深度合作的要求，产教融合 360 评估系统主要对产教融合的合作项目、合作形式、合作效果等进行评价。在产教融合过程中，高校经常出现争夺政府资助或优惠政策项目的情况，浪费国家资源。为此，政府必须建立一套科学、标准化的支持职业院校产教融合项目的管理体系，制定科学的生产合作体系，制定评价标准，使评价工作具有科学性、制度性、规范性、标准性，并逐步完善产教融合合作项目、工程监理、开支审查、过程监督和验收审查，并且一定要积极严格地执行。

一、产教融合 360 评估系统的设计原则

产教融合不仅直接反映普通本科大学培养应用人才的产教融合的水平，同样，也可以反映用人的标准和企业的规范性，还可以反映企业的生产能力和技术含量。及时访问结果，收集反馈信息，将有助于促进普通本科大学校企深度合作的发展，促进高校之间的合作互补，使高校与企业间达到合作、相助。职业院校应在国家的指导下，与行业协会、合作企业共同建立一个 360 评估系统，在合作效果评价的基础上，得出经验，寻找差别，确定更有效的训练计划。职业院校在科学性和系统性评价的基础之上，遵循以下原则：

第一，操作性原则。产教融合的评价是一个直观的感觉，必须简洁，容易实施。评价者表达出一些特殊的感情，还应该审查设置特点。最重要的是让评价者把产教融合中的优点和缺点用最简洁的词语描述出来，使评价指标体系更加具有科学性和精准性。可操作性的评价包括两个方面：一是指标的建立应清晰、易懂、简化适中，以便于数据的采集，数据的计算应该是遵循标准化流程；二是评价体系和指标计算的相应方法应该简单、科学、便于操作，为了确保评估结果的准确性、可信性，使用科学的方法。

第二，全面性原则。事物总是互相联系的，从某一角度片面地处理问题只能显示出现象，不能揭露其本质。对产教融合的评价应从组织、管理、培养条件、教学过程和培训效果等角度进行。

第三，目标性原则。因为参加评估的人身份未知，其有一个不确定的视角，不确定评估方式，这就导致将列表变成包括领导评估、同行评估、学生评估等许多评估模型。

第四，指导性原则。产教融合可以反映现有评价体系，用高校与企业合作的精神来指导课程的理论学习和实践学习。

二、产教融合 360 评估系统的构建

从高校方面考虑，在高校投入方面，主要考虑高校投入科技人员，主要考查高校投入产教融合科技人员占高校科技人员的比重；高校投入实验仪器，主要考查高校投入产教融合实验仪器占高校试验仪器的比重；高校为企业吸入科研成果，主要考查高校提供给企业的科研成果数量占高校科研成果的比重；高校在合作运行过程中，考虑师资队伍，主要考查应用技术型本科高校兼职教师的比例以及具备现场工作能力与技术开发双师型教师的比例；合作课程设置，主要考查实践课程占总学时的比例、工学结合方式授课的课程占总数的比例；协调组织，主要考查是否设立企业专家工作室、专家建设指导管理协会，以及其成员校外企业或行业协会所占的比例；育人资源共享，主要考查育人资源共享程度；高校在合作效益方面，主要考虑毕业生的就业能力；毕业生就业能力，主要考查毕业生就业率、对口率、起薪水平；合作发表论文，主要考查合作发表的论文量；合作发表专著，主要考查合作出版的专著数量。

从企业方面考虑，在签订技术转让合同方面，主要考查合作签订技术转让合同的数量；企业投入资金，主要考查企业投入的资金量；企业投入设备，主要考查企业投入的

设备量；企业建设就业前实践的专门基地，主要考查企业建立就业前实践的专门基地能否满足要求；企业投入研发人员，主要考查企业投入研发人员占企业研发总人员的比重；合作中技术开发与应用，主要考查合作中技术开发与应用的程度；教学设施利用，主要考查教学设施的利用率；合作项目，主要考查合作项目的数量；协调组织，主要考查高校专家工作室；合作中知识产权，主要考查合作中知识产权的授权数；对区域经济发展的贡献，主要考查毕业生占当年区域新增人力资源的比例；合作中产生的利润，主要考查合作中产生的利润值；合作产生高技术产品，主要考查合作产生高技术产品的数量；为企业培养专业技术人员，主要考查为企业培养现场专业技术人员的数量；为企业培养专业技术人员，主要考查为企业培养专业技术人员的数量。

在产教融合 360 评估系统总体设计上，拟对参与主体进行分类，从高校、企业两个主体方面进行综合评价。高校评价、企业评价作为总体评价指标体系的 2 个一级指标，然后将 2 个一级指标分解为 6 个二级指标，在此基础上，将 6 个二级指标分解为 25 个三级指标。对这些指标进行选取和设计时，既要考虑合作的两个主体——高校、企业，也要考虑合作的三个方面——投入、过程、效益，使评价指标体系能较好地反映产教融合运行的实效性，以便于后续研究者参考。根据产教融合综合评价指标体系设计原则，初步设计出产教融合综合评价指标体系，高校是产教融合中培养实践型人力资源的主体，在产教融合的过程中具有举足轻重的地位和作用，所以将高校的权重设为 0.5。从高校角度构建评价指标，主要为"高校投入""合作过程""合作效益"3 个二级指标和 10 个三级指标。企业是产教融合中培养实践型人力资源的主要合作对象，也是决定实践型人力资源培养的关键合作对象和输出对象，所以将企业的权重设为 0.5。从企业角度构建评价指标，主要为"企业投入""合作过程""合作效益"3 个二级指标和 15 个三级指标。

高校产教融合是适应社会的发展需求、是教育教学的资源与社会目标协调发展的必经之路。产教融合要想从根本上得到发展，政府必须把产教融合法律和法规保障、经费保障、组织保障及 360 评估系统四大层面的问题进行解决：建立一套适应产教融合发展的规范的、成熟的法律和法规政策，来明确参与主体的权利、义务，监督、约束各参与主体的行为；拓宽产教融合经费的筹措渠道，加大企业税收优惠政策，完善产教融合风险投资机制，使高校、企业能积极参与到合作中；建立完善的产教融合组织运行管理机构、产教融合制度保障来规划和完善现有的体制，充分发挥他们的效能，解决实际问题；建立合理的产教融合 360 评估系统，对合作中涉及的资金、项目、组织结构、合作效果等进行评价，建立一套科学、权威、标准的支持高校产教融合发展的管理体系。

第四章　产教融合背景下高职院校"双师型"教师团队建设的保障措施和激励机制

第一节　高职院校构建"双师型"教师团队的保障

国务院颁布的《促进职业教育发展的相关意见》提出了"校企合作、工学结合"的"双师型"教师团队培养模式。加强与企业之间的合作是目前职业技术学院的重中之重,学校要利用好国家对职业教育大力扶持的契机,开展深度的校企合作新局面。政府可出面为职业学院与企业的合作牵线搭桥,组建"双师型"教师团队。在协议书中需要明确学校与企业之间的责任、义务等,建立起稳定的校企合作以及学校与其他组织合作的关系。企业优秀员工的加入可以提高教师团队的技术力量,而科研专家的加入提高了职业学院的科研能力和学术水平。政府还要根据高职院校的特点,对聘用教师的年龄、学历、职称、聘用程序以及工资报酬等进行明确,提高聘用的可操作性。同时还要创新人员聘用的方式,拓宽人员的聘用渠道。比如可以在学校内设一些特别的岗位,以聘用兼职人员为主,对应聘者的年龄、学历等放松要求,主要考查应聘者的实际能力,吸引具有高级职称的技术人员进入"双师型"教师团队,担任专业技术课程以及实习指导等工作。

一、为高职院校"双师型"教师团队建设提供物质支持

是否能够把高素质的优秀人才引入高职院校的"双师型"教师团队,其关键在能否给应聘者提供应有的社会地位与薪酬。在经济社会里,工资的高低从某种程度上代表了身份与地位。我国高职院校教师的工资待遇水平一直不高,这也就影响了社会优秀人才选择高职院校从教的热情。长期以来我国高职院校教师的工资水平都低于其他事业单位的平均水平,甚至一些高职院校教师的工资还要低于义务教育阶段的教师,这也导致了高职院校吸引人才的能力比较弱。高职院校的工作环境也不理想,进入高职院校后,教

师的发展机会较少，这不但影响了在职教师的工作热情，还会影响到高职院校教师后备力量的培养，一些学生毕业后宁愿到企业工作，也不愿意选择高职院校任教。这种现状，一直影响着高职院校教师队伍的质量。在这种背景下，要想使高职院校的"双师型"教师团队能够得到真正的发展，就必须要提高对高职院校的物力支持，特别是要提高教师的工资待遇。近年来，我国加大了对职业教育的支持，职业教育学校的教师收入也得到了很大的提高，这也为"双师型"教师团队的建设提供了物质保障，高职院校要充分利用好这一机会，扎实推进"双师型"教师团队的建设工作。

美国康奈尔大学的乔治·米尔科维奇教授曾在《薪酬管理》一书提出了薪酬模型的概念，认为薪酬模型在实现组织的薪酬战略中起着中心作用，包括薪酬体系基础战略、薪酬技巧、薪酬目标三个部分。这为我们开展整体的薪酬设计提供了有效依据。因此，笔者认为：研究高职院校教师的薪酬激励，一是要从内容入手，了解和满足教师的需求，从而激发教师的主观能动性；二是要研究激励过程，关注激励的制度和程序，关注教师职业生涯过程的薪酬期望，关注薪酬管理的水平和目标，致力于提高教师对薪酬结果的信任度，才能保障激励的有效性。

在高职工作实践中，我们体会到：有效的激励应包括绩效考核的有效性、薪酬管理的有效性和激励制度的有效性三个方面。而薪酬管理的有效性涵盖公平和效率两个重要因素，激励制度的有效性则要求激励制度满足诸如"可逆性（薪酬随绩效而增减）""可用性（考评的简单化）""可见性（公开、透明程度）"等一些技术性要求。

从辩证观点看，经济基础决定上层建筑，上层建筑则会对经济基础产生反作用。在"按劳分配、多劳多得"的环境中，工资、奖金、津贴补贴等外在薪酬是教师安身立命的根基，能满足教师的基本需求，并为教师追求高层次需求创造条件，激励的作用不言而喻。随着经济的快速发展，教师的"上层建筑"必然发生潜移默化的改变，外在薪酬激励的边际效用会逐渐递减。对高职院校而言，外在薪酬的激励是必要的，但却是不充分的。研究外在薪酬激励，乔治·米尔科维奇提出的薪酬激励模型值得借鉴，当薪酬具有相应的外部竞争性、内部一致性，能体现员工的绩效与贡献，才能有效发挥激励作用。

对内在薪酬激励的设计，体现着学院管理层的管理理念和管理水平。高职院校应根据教师的职业劳动特点，了解教师在长期从事高职教育现实状态中的压力源，充分理解教师适度和过度的压力感；了解与教师工作积极性相关的各种因素，通过科学的研究完善管理，满足教师自尊自主、发挥学术影响的需要，满足教师成长和成就的需要，满足教师深度参与学院管理、发挥主人翁作用的需要，为教师的自我实现创造条件、搭建平台。

影响教师薪酬激励的因素很多，只有把各种因素都搞清楚了，才能建立起符合高职学院实际的、真正起激励作用的薪酬机制。影响高职教师薪酬激励的权变因素涵盖教师个人背景因素、院校规模及生命周期、区域与行业环境因素等多个方面。按照管理理论，不同的组织规模，其管理与激励的方式有别；处于不同发展阶段，目标不同，管理与激励的方式也必然不一样。各高职院校起步于不同的行业，立足于不同的区域，与所在区域和行业的经济发展状况、风土人情、社会文化等都有密切关系，各类环境因素都渗透于教师生活的方方面面，影响深远。研究高职院校教师内在薪酬激励，是建设和谐校园、促进科学发展的需要。

根据高职院校教师工作特点，研究教师心理需求，构建教师发挥主观能动性、激发潜能的平台，最终目标是实现高职院校的可持续发展，达到院校利益和教师利益的一致。

根据对高职院校教师内在薪酬激励的实证研究，结合高职院校发展的实际，笔者提出高职院校教师内在薪酬激励的对策：

（一）以继续教育券为手段实行"能本＋人本"激励

社会发展到今天，知识不仅有使用价值，也有交换价值，既体现于知识载体，也体现于积极运用的结果，知识资本将成为知识经济管理中稳定人才的最重要原则。高职教育最关键的个人需求是职业迁移能力，满足学生"促进个体的社会化和个性化，其最终目的乃是促进个体的整体性发展，包括个体的全面发展、和谐发展，并促进个体的可持续发展"。对教师来说，职业生涯阶段也是整个生命周期的黄金阶段，可能产生专业拓展的方向转换，也可能产生新的职业选择，为自己创造提升职能的机会。因此，工学交替、终身学习也就成为教师自我发展的必然选择。随着区域经济的不断发展，产业结构和行业形势也在不断发生变化，高职院校的专业结构和人才培养要求必然要随之变化，旧的平衡不断被打破，新的竞争不断涌现，教师必须有获得竞争性薪酬的机会。我们研究高职院校教师内在薪酬激励，就必须把教师看作完整意义上的人，注意到他们的自我意识、利益需要，注意到他们的社会人角色，注意到他们需要塑造、影响和改变的理性一面，注意到他们的知识层次和工作特点，注意到他们对精神世界的消费要求日渐丰富，思维需要在竞争、选择、组合中不断发展。为了适应高职教育发展变化的要求，学院必须不定期地组织教师培训和进修。要做到有的放矢，首先必须了解教师想什么、要什么，必须分析教师个人意愿与学院发展需求之间的匹配性，认真研究学院事业发展规划并以此制定激励教师的导向性政策，鼓励教师按照目标导向构建具有个性特点的知识能力结构，修订个人生涯规划和自主进修计划，逐步形成适应高职院校发展又独具特色的自我价值体系。在高职教师培训市场逐渐被经济效益所渗透的情况下，要使每一位愿意与学院事业发展同甘共苦的高职教师都有平等的继续教育机会，设立"继续教育券"无疑是可行之策。基本思路：随着各高职院校硬件逐步完善，走内涵发展之路、强化"软件"建设成为当务之急，每年应根据学院师资队伍建设规则，设立专项经费，用于将教师继续教育的"内培"与"外引"，按照"专业带头人优先安排国内外访学，中青年骨干教师优先选送外培，品牌特色专业、紧缺专业教师优先资助，普通教师定期更新轮训"的原则，设立不同等次的"继续教育券"，教师可以凭券向职能部门申报，争取到相应额度资助自己的意向性培训项目（高级培训费用不足部分适当自理），这样，既可以保障每位教师在一定周期中都有继续教育的机会，又可以让不同层次的教师得到自主发展。这种兼顾了绩效和公平的"能本＋人本"激励模式，必然促进教师的主观能动性发挥，有利于组织目标实现，有利于促进学院走上和谐、可持续发展之路。

（二）以教育教学、社会服务绩效为依据

权变激励条件下，薪酬必须反映教师的劳动价值差异，才能发挥激励作用。薪酬差异除了在不同等级的工资上体现外，绩效工资是必不可少的，"固定工资＋浮动奖励"的模式已被广泛采用。固定工资以岗位为依据，绩效工资以业绩为依据，如果岗位聘任和业绩评价能体现相应的学术水平和业绩贡献，薪酬制度就能发挥重要的激励作用。因此，建立科学合理的绩效考评机制就显得尤其重要。从研究现状看，"目标＋沟通"的权变管理方式最为有效和实用，运用最普遍。院校目标明确了，管理者才能知道如何进行有效管理，教师方明白如何保持个人努力方向和学院目标要求的一致性。根据高职院校实际，应立足于对教师进行发展性评价考核。权变激励目标在于管理者要求教师做什么、改进什么、朝哪个方向努力，将这些要求转化为可量化指标，不仅关注结果，更关注过程，不仅关注教师收益增长，更关注教师的潜在竞争力提升。目标应符合"具体、可度量、可达到、相关、基于时间"的五项标准，针对不同层级，从素质、成果、教学三方面分别订立指标，合理确定不同层级指标的权重，通过定期书面报告、一对一面谈、

正式与非正式沟通等方式，与教师就工作进展情况、潜在障碍与问题、可能的解决措施等持续不断地进行沟通，适时对绩效计划做出调整，考核管理要求随环境条件变化而修正，在不断交流的基础上，维持双方宝贵的信任，提供教师所需要的培训、必要的支持，帮助教师提升实现绩效的能力，达成权变管理目标。这种因人因事而调整的权变激励手段，将是教师内在激励的一个重要法宝。

（三）以激发主观能动性为目的实行

国际高职教育体系已从封闭走向开放，走向综合化发展，而师资队伍建设历来是高职院校发展的重点工程，只有满足感逐步提升的教师，教育教学工作的质量和效率才能提高。处于职业生涯的不同阶段，教师会有不同的需求，随着个人的成长和时间的推移，个人愿景规划会慢慢发生改变。作为高知识性运行的组织，学院倘能充分考虑师资结构现实、高职教师劳动特点、教师的心理需求和期望，在一定的组织框架范围内，设计内在薪酬的弹性组合方案，内容趋于社会化、时代化，教师可以根据不同聘期自主修正组合方案，以满足个人和家庭特定需要，实现优势需求激励，如：为先富起来的教师提供"购车资助计划"；为晚婚无房的教师提供"购房资助计划"；为已婚教师创设温馨的"亲子体验分享乐园"；为适龄单身教师搭建"鹊桥缘空间"；为注重形象的女教师组织"塑体健康俱乐部"；为经济基础薄弱的教师提供"子女教育资助计划"；为高学历层次教师提供公开展现自我以扩大社会影响的机会，都不失为解决薪酬矛盾、提升教师积极性、激发教师潜能的一种有效激励措施。

二、提高高职院校教师的地位

高等职业教育是经济发展、科技进步的产物，在国外已有较长的发展历史。在我国，随着改革开放与现代化建设进程逐步加快，近年来，高等职业教育的发展业已成为社会各界广泛关注、引起热烈讨论的焦点问题。虽然在职业教育史上，人们一直致力于提高职业教育的地位，但在现实中，由于我国高等职业教育较研究型综合大学而言起步晚，发展的历程也经历了曲折，职业教育一直被认为是低层次的教育。许多学生、家长情愿选择较差的一般本科院校，也不愿意选择能提供较好职业训练的高职院校。虽然近年来国家把高等职业教育提升到与高等教育发展同等重要的地位，但由于历史的原因和社会对高职的认知度不足，造成了高职教育的社会认可度不高，从而导致人们对在高职院校中从事教学与科研工作的教师的认同度和赞誉度不高，处于此种背景下的高职教师极易产生低成就感和失落感，随之职业倦怠便容易产生。

以上种种原因使得高职院校教师的社会地位并不尽如人意，我们从高职院校教师的工资待遇和高职院校教师的职业声望等两方面来进行分析衡量：教师的劳动价值是通过工资待遇来体现的，教师的工资待遇包括了社会给予教师的工资报酬和物质利益。然而教师劳动属于一种复杂劳动，其创造的劳动价值明显高于简单劳动的劳动力价值。因此，单从教师劳动价值角度来看，教师职业在经济上的待遇应该比简单劳动职业者高。与过去相比，近些年来，教师的经济收入和待遇的确得到了明显的改善，但与社会其他行业比较，差距仍比较大，其收入水平与其劳动价值并不吻合或等值。

职业声望的高低主要由职业环境、职业功能、任职者素质等三方面因素决定，而职业环境越好，职业功能越大，任职者素质越高，职业声望就越高。根据中国科协联合中国科普研究所发布的"第六次中国公众科学素养调查结果"显示，我国公众有 57.2% 的人认为教师的职业声望最高。

然而，虽然大家对教师职业认同度较高，但愿意从事教师职业的人为数不多。即使是近年来随着国家对教育事业的重视，对教育的投入不断加大，教师职业也正逐渐成为热门职业，但仍不难发现，人们大多是冲着教师职业的稳定而去，与公务员等其他职业声望高的职业相比，教师的职业声望仍不高。同类教师中，名牌院校的教师职业声望相对较高，但在被人们认为是二、三流大学的高职院校中，教师的职业声望则更显尴尬。高职教师的社会地位与高职院校本身也存在着密不可分的联系，据教育部《2007 年全国教育事业发展统计公报》显示：截至 2007 年，全国共有普通高等学校和成人高等学校 2321 所，其中高职（专科）院校 1168 所，高等职业教育在我国高等教育规模中已占半壁江山，但由于我国高等职业教育起步晚，发展的历程也经历了曲折，加之我国现有的教育体制、文化传统等复杂因素，高职教育还有许多深刻的内在矛盾没有解决。

（一）高职院校自身建设尚存在诸多问题

我国的大部分高职院校都是在 20 世纪末才陆续兴办起来的，创办时间短，底子薄，在自身建设与发展过程中存在很多问题，如：办学思路不够清晰，人才培养模式定位模糊，特色不鲜明；教学设施不完备，教育教学改革成效较低；教学条件比较差，政策、措施不配套；专业设置不够合理，理论和实践教学内容体系不能按职业岗位和技术领域的要求来设置教学项目和组织教学，与行业、企业的需求严重脱节；师资队伍建设成效较慢，教师学历、职称层次、实践技能提升不够，师资队伍结构不合理；高职教育生源质量不高，学生文化基础和综合素质较低……这些问题严重影响着高职院校的进一步建设和发展，也使得高职院校的教师缺乏一个强大的背景支持。

（二）高职院校内部管理体制仍较为落后

虽然从统计数据上看，随着近几年职业院校迅速发展，高职院校已占据了我国高等教育的半壁江山，但由于高职院校起步较晚，而且大多是由中专合并升格而来，在内部管理上，大部分沿用了中等职业学校的管理模式和方法，管理方法和手段比较简单、陈旧，同时，目前大多数高职院校还未进行收入分配制度的改革，较多院校仍实行平均主义的分配制度，相应的岗位、津贴和人事分配制度不够完善，落后的管理体制缺乏激励性，使得广大教师缺乏动力，教师成就自我和实现自我的需要无法得到满足，教师的劳动价值得不到很好的体现，使得教师一定程度上缺乏成就感和幸福感，这也是导致高职院校教师产生职业倦怠的原因之一。

（三）促进高职院校与企业的共赢，深化产教融合

根据利益相关者理论，产教合作实际上是一种交易，行业企业支持应用型高校深化产教融合的动机是增加自己的利益。行业企业的产教融合动力取决于高职院校产品和服务的效用，高职院校所提供的产品和服务可替代性越强，行业企业深化产教融合的动力就越弱，从而出现利益不匹配。因此，要实现校企利益的聚焦，高职院校必须降低产品（毕业生）和服务可替代性，提高产品（毕业生）和服务质量，降低交易成本，实现校企之间的内涵对接，使企业真实受益。

课证融合，既是专业课程内容与职业标准的对接，同时也是学历证书和职业资格证书的对接。通过校企合作一体化培养实现课证融合，更好地培养出符合企业岗位需要，且毕业即带技能证书的人才，可直接提高毕业生质量和降低企业的用人成本，实现校企双方利益对焦。实现课证融合首选专业是需要从业资格的专业技术岗位。例如广西某学院从投资与保险系的投资与理财、金融保险专业入手，通过将职业资格考证课程纳入人才培养的课程体系，加大到企业现场教学力度，校企合作开发岗位课程，聘请行业师资为学生讲课并直接指导等措施，使专业教学质量得到较大提升。

2017年国务院发布的《国务院办公厅关于深化产教融合的若干意见》要求，职业院

校必须强化产教融合"双师"素质队伍水平，"鼓励企业管理人员和技术骨干担任职业院校校外师资，支持职业教育产业发达地区的学校设置企业导师（讲师）专项岗位。推动各职业院校和应用型本科院校通过校企合作、产教融合的模式与企业共建'双师型'教师培养基地"。师资的互兼互聘、共建共享是保持学校师资水平始终与行业发展要求高度一致，提高企业岗位培训和继续教育水平，降低培训成本，聚焦校企利益的必然选择。

构建学校、政府、行业、企业的多边合作关系，形成协同育人合力，是高职院校产教融合实现的前提基础。高职院校应该以服务区域经济社会发展为办学方向，与地方政府或行业（系统）主管部门开展更紧密的合作，在他们的主导下，完善多边合作关系，形成协同育人机制，开展社会服务。当前经济转型升级对高级技能型人才提出了新的需求，基于此，无论是处在经济转型和产业升值前沿的各行业企业，还是国家到地方各级政府，都随着市场对区域产品和服务的新需求，给高职院校的人才培养提出了新的标准。这要求，高职院校和当地行业、企业等主体必须构建平等互助的协同合作关系，通过构建合作平台形成合力，通过政府主导、校企共建等形式将各主体的利益需求进行聚焦，通过签订合作协议的形式从法律上直接明确双方的权责内容，形成有效的多主体协同育人机制，最终实现以培养高层次技术技能人才为一致目的，行业、企业全程参与学校各专业人才培养方案的制定，核心专业课程的开发，共建共享师资和科研队伍，共建共用校内外实训基地，共同参与实训指导和完善质量评价机制等协同育人的目标。在具体实践当中，学校、行业、企业等主体在资源共享的基础上充分进行沟通交流，通过合作平台和相关制度对具体事项进行科学规划和有效管理，最终形成深层次、紧密型的多元主体协同育人的人才培养模式。通过校、行、企协同育人，形成"产教融合、产学结合、校企互动"的良性循环，营造良好的产学结合氛围，达到专业对接产业，依托产业办专业的效果。

该模式主要内容：通过与各个行业协会开展"校行合作"，引入行业力量，共同设置课改相关机制，依托行业引导将课程内容与职业标准进行对接；通过行业协会对接行业龙头企业开展"校企合作"，引入企业师资和实训场景，有效开展仿真教学，实现教学过程与生产过程的对接，同时提升毕业标准，加大职业能力培养，将毕业证书与职业证书对接；通过开展丰富的各类实践活动，强化学生实践性和职业性，增强学生的学习主动性，实现终身学习和高效学习的对接，最终通过政府主导、行业引导、企业指导、学校教导的立体互通式的培养模式,构建学生从专业知识到职业能力,再到综合素养的有机结合,最后成为适应岗位需求的技术技能型人才。该模式将校企合作贯穿到人才培养全过程,教学目标和教学内容紧贴产业和职业发展需求。通过订单办学以及对行业、企业的深入调研,明确企业的用人需求,在此基础上,校企共同参与课程开发。通过职业能力分析,以人才培养对接用人需求、专业对接产业、课程对接岗位、教材对接技能为切入点,深化教学内容改革;建立一支与人才培养模式相适应的"校企联合教学团队"参与教学,增强教学的实践性、针对性和实效性,提高教学质量,建设科学、校企共同参与的科学评价规则,引导行业、企业参与到在校生培养当中,实现校政行企自上而下"立体互通"协同育人。其中,提高学生职业能力方面主要包括三个层次:第1—2学期为第一层次,主要培养学生的基本技能。第3—4学期为第二层次,主要培养学生的专项技能。第5—6学期为第三层次,以顶岗实习为主,主要培养学生在金融职业岗位上所需要的综合能力。在此过程中,积极引导学生参加专业人员资格证、从业资格证等职业资格证书的考试,为上岗就业做好准备。积极引导学生参加各行业协会社会学习与实践活动,各合作企业实习项目等系列活动,通过强化教学的职业性和实用性,达到学以致用、用以促学、学用相长的目标。

企业是以获取经济利益为目的的组织,它的一切行为都与企业的发展有一定的联系。在建设"双师型"教学团队的时候,虽然企业提供了人力和资金,但企业的这些投入也会获得相应的回报。企业的技术人员进入教学团队之后,他们可以根据企业的需要来培养人才,并在教学中把企业文化、员工素质等带到职业学院中,职业学院的毕业生进入企业工作后可以快速地融入企业,企业可以省去培训的费用与付出的时间,企业技术人员还可以提前为企业选拔合格的人才补充到企业当中。因此,"双师型"教学团队的构建有利于企业的长远发展,企业的短期投入可以获得不可估量的回报。

第二节 完善高职院校"双师型"教师团队的制度保障

面对经济全球化、教育国际化的趋势,高职院校人力资源管理体系面临着巨大挑战。高职院校作为人力资源的培养基地,首先必须做好自身人力资源的管理。教师作为高职院校人力资源的主体,只有真正管理好这支队伍,才能提高高职院校办学效益和效率,提升高职院校办学特色。因而,运用人力资源管理理论对教师队伍进行管理显得尤为重要。

"以人为本"的人力资源管理观念认为:"高职院校的发展依靠教师,就要建立高效合理的'双师型'教师队伍培养机制。依靠教师,就应该按照高职技术技能型人才培养的要求,改革高职教师评审考核机制,以利于高职评审朝着高职院校发展规律开展。依靠教师,就应该建立健全合理的教师激励机制,引导教师不断提升高职教育能力。"

一、完善"双师型"教师团队的培养机制

目前,高职院校大多数教师是刚出校园便又进校园的高校研究生,缺乏长期一线企业工作经验的能手。他们学科教育的烙印较深,没有学习过高职院校办学理念,没有学习过高职院校教学方法。因此,加强校内专任教师'双师素质"的培养是建立一支素质优良、结构合理的专任教师队伍的保证。所以从培养机制的角度出发,也就是从人力资源管理部门工作出发,可以从以下几个方面开展培养机制建设:

开展高职教育理念学习。采用请进来、送出去的方式学习国内先进的高职院校教育理念,学习高职院校教学改革方法,学习高职课程教学的整体设计和单元设计。分批将专业带头人、教学团队负责人、骨干教师送到国外学习培训,将国外先进的教育理念与高职院校实际结合,改革专业课程体系和教学方法。

开展顶岗实践、横向技术服务工作。建立教师顶岗实践制度,利用寒暑假鼓励教师参加企业顶岗实践,并将其作为职称评定的必要条件之一,给予岗位补贴,将行业企业的新技术、新工艺与教学、生产紧密结合起来,提高教师技术服务能力和创新能力,开展横向科研工作。

加强学校教师和企业人员的交流。按照一个专业校内外两个专业带头人配置,聘请行业企业专家为校外专业带头人,聘请企业技术骨干为高职院校兼职教师;按照一门专业课程校内外各一位教师共同完成,聘请外聘教师指导实践性教学环节,实现校企双方共同建设"双师型"教师队伍。

专业教师参与和指导学生顶岗实践、技能竞赛,实施导师制。通过教师指导学生顶岗实践,开展校内外实训基地和实习单位的顶岗实践,通过组织参加各类技能竞赛引导教师和学生共同参与,提高实践技能,并将竞赛、实习活动设计成实践性教学项目。通过一对一实施导师制,有计划地实施教师锻炼。

二、改革"双师型"教师团队的评审考核制度

结合高职院校的特点，建立"双师型"教师职称评审制度：在职称评审时要考核教师的教学做一体化教学能力和教学改革课程改革成绩，适当降低科学研究理论研究成果比例，降低研究性论文要求，提高应用性论文在职称评审中的比例。在职称评审中标准上侧重专业教师教学改革成果和专业技能成果，注重其各级各类教学成果的获得，以及指导学生参加各类技能竞赛成果、学生素质教育成果，在论文的数量和层级上给予支持。对于科研工作应考核其应用性科研水平，注重校企合作服务区域经济能力，开展横向课题研究，转化成校内教学改革的成果。

目前我国高职教育的评审考核制度过于形式化，许多高职院校未能根据自身特点与实际情况制定考核内容，对教师实用型论文及学术成果考查较少，对于教师的创新意识和能力也疏于关注；同时，高职院校对于表现良好的教师未能采取科学的奖励措施，使得教师对于评估考核不够重视，缺乏向"双师型"发展的动力。另外，现阶段高职教育教学考核制度较为传统，无法适应市场用人标准及社会需求。一方面，未能有效引导学生参与考核工作，难以从学生视角发现高职院校教师在"双师"素质方面存在的不足；另一方面，未能引导院校领导、院系领导、同行教师等参与考核工作，难以对高职教师的教学工作进行全方位考查，无法客观反映教师的教学成果及"双师"素质，更无法针对教师"双师"素质的提升提出合理建议。

改革教师评审考核制度，促进"双师型"教师队伍健康成长。高职院校要根据自身发展特色，制定完善的"双师型"教师职称评价体系，即科学合理地审核教师的教学水平以及阶段性教育改革成果。高职院校要根据教师队伍发展的实际情况，调节研究型论文的标准，增加实用型论文在审核体系中所占的比重，将教师在专业学科教学方面的创新举措以及取得的学术研究成果作为职称审核的重点，对教师培养的学生进行综合素质评价。对于发表论文数量较多、教学质量较高的教师，院校可给予一定的奖励。

创新教学考核制度，促进"双师型"教师队伍专业成长。高职院校要想保证人才培养质量，就必须不断深化教育改革，而教育改革的重点环节就是考核制度的改革。创新教学考核制度，目的是促进学生更好地掌握课堂所学知识技能，同时提高教师的教学水平和创新能力。一方面，学生是高职院校教师教学服务的直接受众，对于高职教师的教

学工作具有重要的话语权。高职院校可以给予学生一部分考查权，由学生参与课程评价来反映高职教师的授课质量，对教师在理论和实践教学中存在的不足提出意见，为高职教师提升"双师"素质提供指导依据。另一方面，为了保障教学考核工作的全面性，高职院校还要建立多元化的评估小组，增加院校领导、院系领导、同行教师等的参与，对高职教师的教学工作进行全方位考查，客观反映教师的教学成果以及"双师"素质，并针对如何提升"双师"素质提出合理建议。

第三节　建立健全"双师型"教师团队的激励机制

建构符合高职院校"双师型"教师脱颖而出的工资福利体系，在收入分配上坚持向专业带头人和教学团队负责人倾斜，向"双师型"教师倾斜。

运用相应补贴，对寒暑假期间下企业顶岗实践的教师给予岗位津贴等补助，引导专业教师积极参加顶岗实践，加强与企业的联系，深入企业岗位实践锻炼，切实提高操作技能，营造教师安心、倾心从事职业教育事业、静心育人的良好氛围，从而保证学校教师队伍的稳定性。

学校鼓励专业教师深造，特别是鼓励教师参加实践性项目，鼓励专业教师作为访问工程师下企业锻炼，并对访问给予岗位津贴，为"双师型"教师发展打开上升通道。

不拘一格降人才，根据各个高职院校办学特色和教学团队建设的需要，通过向校企合作行业企业和社会公开招聘、引进等方式，适当降低学历层次，引进或聘用生产一线实践经验丰富的专业技术骨干。

学校专门拿出经费鼓励教师参加各种学习和职业技能培训，为教师参加高职教育和实践锻炼营造良好的氛围，鼓励教师参加各种学习培训，并在经费上予以支持。鼓励专业教师参加技能等级培训，如高级工、技师、高级技师等职业技能等级培训，参加考评员、高级考评员培训。

制定政策，为"双师型"教师发展提供保障。在各类评优评奖中，优先考虑"双师型"教师，在物质激励的同时，给予精神激励，使"双师型"教师有强烈的成就感。同时打开"双师型"教师发展通道，为"双师型"教师职业发展提供更多的上升空间，促进教师主动发展。

第四节　强化科研激励机制，提高"双师型"教师团队的科研水平

一、政策激励，提高"双师型"教师团队科研动力

我国大部分高职院校科研水平不高，学校应该采取一定的政策措施来激励科研人员主动从事科研工作。首先，在技术职务评聘中，注重教师科研成果的贡献率，择优推荐申报职称评审。采取解聘、缓聘、降级聘任的办法，考核已聘任但没有开展技术服务和成果转化等应用性科研工作的教师，使教师主动开展有高职院校特点的科研工作。其次，对"双师型"教师的科研活动给予一定的项目经费奖励或对从事应用性科研工作的"双师型"教师给予课时工作量，多渠道鼓励高职院校"双师型"教师开展科研实践。再次，项目支持。学校立项并经费资助科研项目，让"双师型"教师积极申报校级科研项目。加强科研项目管理，对项目的研究过程和成果进行鉴定考核评选，对科研工作优秀者进行表彰奖励。最后，区别对待激励力度。一般来说，高职院校的科研激励主要包括：纵向项目和横向项目（对于高职院校更要鼓励教师开展横向项目），公开发表的优秀论文、专著专利和教材，教学科研获奖成果等。

就激励力度而言，不能太低，否则达不到有效的激励作用。某种程度上说，激励的力度应该与各个高职院校科研水平成反比，年轻的高职院校科研基础较弱，激励力度更要大，充分激发"双师型"教师科研工作的积极性。

二、深化产教融合，拓宽科研资金来源

科研基础设施是开展科研工作的物质基础和保障。高职院校在保证教学实训设备的基础上要加大对科研设备和竞赛设备的投入力度，让"双师型"教师开展科研工作有必要的条件支持。高职院校在技能培养上进行的设备投入都比较大，但在科研设施的投入上存在分歧，如果科研工作没有基本投入，那么高职院校科研工作职能便是无源之水。高职院校的发展为地方做出了较大贡献，所以应该积极争取地方对学校的重视和投入力度：一是争取地方政府财政的投入资金力度，同时积极申报各类省、市级纵向科研项目。二是依靠高职院校积极推动产学研合作办学，积极获取相关行业领域中的研究基金开展

横向科研。三是校内搭建师生创业科研平台，通过引进小微企业、学生自主创业、教师团队研究所，鼓励"双师型"教师参与到这些平台口来，为小微企业技术创新产品研发提供服务，为学生创业提供技术指导，学校鼓励成立与本专业相关的研究所，组成科研团队，扶持鼓励研究所与企事业单位开展横向科研工作，对于技术难度较大的科研项目，鼓励科研团队与其他高校和企事业技术骨干共同开展科研攻关。这些"落地式"的科研工作，一方面为"双师型"教师科研能力的提高起到了积极的推进作用，另一方面也为教师实践技能锻炼提供了机会，为高职教学工作带来了鲜活的案例，提高了教学效果。

第五节　产教融合推动兼职教师队伍建设

近年来我国高等职业教育不断地发展，各地招生数量都在迅速地增长。为培养大批高技能型人才，高职院校在人才培养、专业设置、课程开发、教学模式等方面都做出了诸多努力。社会的发展不断对高职院校的师资队伍质量以及教师的知识能力结构提出更高的要求。在高职院校实际办学过程中，专任教师在应对职业教育的职业性、实践性与开放性上存在着自身能力结构的缺陷，因此需要不断从行业聘请专业技术人员和能工巧匠来补充师资的不足。兼职教师作为高职院校师资的重要组成部分，不仅可以使高职院校师资队伍的结构趋于合理，同时也是促进高职院校"能力本位"教学改革的重要环节。对兼职教师的有效管理是解决好兼职教师队伍建设问题的根本途径，也是促进高职院校教育教学发展的有效手段。

一、高职院校兼职教师存在的意义

高职院校的师资队伍建设应符合高等职业教育的特点，即需要满足以下三方面：一是职业性。职业性要求高职院校在建设师资队伍时必须考虑行业、职业、产业、企业对人才培养和师资队伍的要求，把了解行业技术发展，掌握实践技能作为教师队伍的最基本要求。二是高教性。高等职业教育不仅属于职业教育的高等层次，同时也是我国高等教育的重要组成部分。因此，不仅人才培养应该体现高等教育属性，师资队伍也应该有科学性、学术性的要求，所选择的教师应有一定的学术和科研能力，这是对教师的基本要求之一。三是与行业企业紧密合作。高职院校不同于一般的综合性高等学校，高职院校开设的专业经常是针对某一行业，毕业生也主要面向某几类企业，换而言之，高职院校主要是为区域内的行业企业服务的，因此，与行业企业紧密合作也应该成为高职院校师资队伍建设的重要导向之一。高职院校聘任来自企业的兼职教师，具有良好的专业素养，丰富的实践经验，兼备职业道德和敬业精神，符合高职院校师资队伍建设应具有的职业性和行业性的条件要求。

高职院校需要建立"双师型"教师队伍，在专任教师方面，需要一般专任教师、骨干教师、专业带头人；在兼职教师方面，需要技术人员、高级技师、技术专家。专兼职教师充分合作，组成完整的结构合理的教育教学梯队，其中对兼职教师的管理可以调整高职院校师资的群体组织结构，主要体现在以下三方面：一是调整师资队伍的数量结构。高职院校的教师数量应该与学校的办学规模一致，满足专业开设的要求，在人员数量上要达到一定的生师比，保证完成相应的教育教学任务，目前普遍认为 16：1 是比较合理的生师比。然而，很大一部分高职院校专任教师数量达到这个比例还存在一定难度。高职院校聘任兼职教师，可以在数量上补充院校专任教师的不足，保证学生每学期开设课程数量以及课时数量。同时，降低了高职院校生师比，平均每个教师教授的学生数量降低，教学压力减小，在一定程度上保证了教师上课的质量。二是调整师资队伍的素质结构。高职教育不同于普通高等教育，对教师的素质要求除了基本素质如语言表达能力、合作沟通能力、举止风度等要求外，更重要的是对专业素质的要求。高职院校教师必须具有过硬的专业理论知识和扎实的专业实践技能。然而，高职院校的专任教师队伍比较容易出现理论强而实践弱的情况，使得院校出现实习实践课的短板。此时，由来自企业的兼职教师负责专业实践课以及实习指导课，不仅促进了高职院校在课程结构上趋于合理，同时可以形成专兼职互补，合理分配工作，在合作中优势互补，取长补短，促进高职院校师资队伍素质的提高。三是调整师资队伍的层次结构。学校教育不同于社会培训，它要培养相应学历层次的人才，必须实现知识、能力、素质的有机统一，而要达到这一目标和要求，其人才培养方案本身就要有丰富的内容和合理的结构，这使得课程结构对教师队伍建设不仅对数量有要求，而且对教师的层次也有相应的要求，对不同层次的兼职教师也有不同的需求，对技术权威以及专家的聘任也可以提高师资队伍的层次。

《国家中长期教育改革和发展规划纲要（2010—2020 年）》提出："以'双师型'教师为重点，加强职业院校教师队伍建设。教学团队是高职院校特色办学的核心力量，是贯彻专业人才培养方案的执行者,是办出高职特色专业的基本条件。""双师型"教师是高等职业教育师资队伍结构建设的重要要求,但就高职院校教师个人而言,由于受到职业教育教师培养体制、职业教育教师培训机制等各方面的影响与限制,同时具备职业专业理论知识解构与重构能力、与专业相关的职业领域的职业技能、职业教育理论知识迁移与处置能力、与专业相关的职业领域的教学能力是存在较大困难的。通过高职院校对兼职教师的有效管理,可以促进兼职教师与专任教师之间的合作,例如由专兼职教师共同完成一项研究任务,专任教师通过对兼职教师的先进科技和技术的借鉴与学习,以便在研究过程中将专业理论知识更好地转化为职业技能,促进教师个体的专业化发展。此外,与兼职教师的沟通,也是专任教师了解行业企业发展状况以及先进生产技术的途径之一,有利于提高专任教师专业理论知识解构与重构能力,以便更好地进行教育教学工作。

高职院校兼职教师的引入和管理,有利于打破高职院校的自我封闭状态,拓宽高职院校的视野,有利于充分利用行业企业资源,并加强学校与社会、企业产学研紧密结合。校企合作是高职院校顺利开展教育教学、提高学生职业技能、实现高质量就业的重要途径。高职院校既可以通过校企合作聘请高素质的专业技术人才担任兼职教师,又可以通过兼职教师沟通与企业的关系,加深相互的理解。目前,多数高职院校的兼职教师来自与企业合作共建的实训基地,或是通过与本校教师共同进行科研开发在合作项目中聘请来的,在与学校专业教师进行合作教学、科研的过程中也把学校的信息传达给了企业,特别是把学校办学特点、人才培养模式、科研实力等信息传递给企业,为学校与企业之间在建立实训、实习和科研基地,推荐学生就业等方面起着推动和桥梁作用。这样既为企业提供了部分智力支持,也为学校人才培养提供了便利,真正实现了互利互惠。高等职业教育的一项重要职能是社会服务,为地方经济建设培养高技能人才,这就决定了高职院校必须根据地方经济、社会发展和人才的需求来设置专业。地方需要什么规格的人才,高职院校就应组织资源开设什么样的专业。所以,高职院校必须保持较高的专业教学水平,特别是较高的专业实践教学水平,必须调动可以利用的一切资源,并且随着社会对人才的不同需求做出相应的调整,促进校企深度合作,推进专业内涵的建设。兼职教师由于其双重身份,在校企合作中可以发挥重要作用,除了承担课程教学和实践指导外,还可以参与专业建设等工作。一是参与校内外基地建设。结合行业企业真实的工作流程和环境要求,专兼职教师共同开展基地布局、实训项目开发、基地管理规章制度制定等工作。二是参与课程教材建设。坚持职业导向的课程开发理念，将企业的真实产品、工作流程、案例、项目等引入课程，专兼职教师共同开发基于工作流程的项目化课程，编写融入最新技术和产品标准的教材，共建专业教学资源库。三是合作开展科技研究。专兼职教师发挥各自的优势，充分利用双方的资源，合作开展科技研究，特别是面向企业的应用技术研究。四是指导教师企业实践。兼职教师利用企业工作经验丰富、技术水平高、紧跟产业发展前沿等优势，指导学校专任教师特别是青年教师在企业顶岗实践。

虽然高职院校兼职教师操作技能较高，但同时也具有以下几点不足：第一，教育能力较弱。兼职教师的教学责任意识相对淡薄，对择业、就业等有关方面的价值导向、职业操守、职业安全并没有进行有意识的教育，很多兼职教师本身并没有接受过教育教学方面的学习和培养，对高职教育的性质及任务不了解，很多高职院校也没有兼职教师的培训制度，所以兼职教师的教育能力明显较弱。第二，兼职教师教学能力不高。兼职教师通常要独立承担一门专业课教学或实践教学任务，除了具有较高的实践教学能力或丰富的实践经验之外，也应具备采用适当的方法传授相应的知识和技能的能力。虽然高职院校在聘任兼职教师的过程中非常注重应聘人员的专业技能和实践经验，但事实却是，即便多数的兼职教师在本专业和本行业内是骨干，但他们在教学方面并没有经过专门的学习和训练，普遍对学生知识和技能的认知规律缺乏必要的认识，对教学方法和教学手段的掌握及使用也存在着一定的问题。就传授学科知识而言，不同的教学内容要采用不同的教学手段及方法，并且这些方法并不是单独使用的，往往需要多种手段和方法配合使用。而如何科学地针对不同的教学内容选择不同的教学方式，以及不同的方法和手段的配合等教学技巧对于大多数的兼职教师而言是很困难的。同时，高职院校兼职教师拥有的丰富实践技术、经验大多是默会知识，如何转化成可以教授给学生的职业知识和技能也是兼职教师面临的一大挑战。第三，兼职教师教学组织能力较弱。教学组织能力直接影响教学的有效性，不能科学、合理地组织教学，就不可能有效地传授知识和技能。而大多数高职院校的兼职教师在教学中采用的组织形式单一，无外乎课堂讲述、操作指导等形式，至于分层教学、分类指导、小组合作学习等组织形式很少用到。并且，由于兼职教师只有上课期间在学校，下课就离校，在高职院校一般没有专门为兼职教师设立办公室或休息室，这样的工作模式使得学生和兼职教师之间的沟通有限，导致了教师无法及时掌握学生的学习状态，影响了教学质量的提高。高职院校聘任兼职教师的最终目的是提高教学质量，培养符合社会需求的高技能型人才。娴熟的技能、丰富的实际经验以及先进的技术，这是兼职教师的优势所在，但也不能忽视兼职教师本身在教育教学中存在的不足，高职院校对兼职教师进行有效的管理可以有针对性地培养和提高兼职教师的教育教学能力，真正实现兼职教师的跨岗位工作，从而提高教学质量。

二、高职院校兼职教师管理存在的问题及原因分析

我国高职院校兼职教师队伍建设目前已取得较好成效，大部分高职院校都认识到了兼职教师对高职院校教育教学质量提高，特别是实践教学质量提高的重要性，同时，都比较重视对兼职教师的管理，并采取不同的符合院校实际情况的组织管理方法，在不断的实践与探索中，积累了一定的管理经验。例如，沈阳职业技术学院提出聘任兼职教学主任、教研主任，并参与教学规划以及研究项目；辽宁轨道交通职业技术学院的专任教师做助教协助兼职教师开展教学工作；辽宁城市建筑职业技术学院聘任企业名师，更为兼职教师提供固定休息室；辽宁现代服务职业技术学院提高兼职教师薪资待遇，并给予良好的人文关怀。然而，虽然各个高职院校各具特色，但在兼职教师科学化管理的过程中仍然有所不足，具有很大的提升空间。

（一）存在的问题

根据调查表明，目前高职院校对兼职教师的管理虽取得了一定的成效，但是也存在着亟待解决的问题，问题主要集中在兼职教师聘任过程、兼职教师制度化管理、兼职教师的资源利用、兼职教师的待遇等方面。

兼职教师聘任难。高职院校在聘任兼职教师过程中困难重重，一是兼职教师聘任渠道不畅，高职院校难以找到符合需求的来自企业的技术骨干。二是聘任程序较为不严格，包括信息发布、审核资格、竞聘试讲、合同签署等程序上存在一定的人情化和随意性，同时缺乏向企事业单位和社会的公开招聘。三是高职院校对兼职教师任职资格和任职要求界定不清，所聘任的兼职教师高校资格认定的合法性无迹可寻，"如果严格按照'高校教师'这一有着严格资质与程序要求的专门性职业标准来聘任兼职教师的话，我国大部分企业，尤其是地方中小型企业，根本无法提供合格的人选，高职院校也无法聘任到能胜任技能课教学的合格师资"。目前，高职院校的兼职教师虽多为企业的高级技师，多数拥有中级及以上的技术职称，但并不具有高职院校的教师资格证。此外，高职院校

积极聘任来自企业的技术工人，同时更期待更多的行业企业专家的参与，以期行业企业的专家除授课之外可以为高职院校的专业建设以及人才培养方案等方面提出具体的建议。而院校方面也表示无论是对学校自身条件的考虑还是与专家意愿和时间的协调，聘请行业企业的专家为院校较为长期地兼职授课还是存在一定难度的，相对而言，诚邀行业企业专家、业界权威不定期到院校进行讲学与学术报告则更容易实施。

尚未形成制度化管理。高职院校对兼职教师的管理并未制度化，基本上是一种松散型管理。第一，在院校制度建设上，接受调研的高职院校对兼职教师的管理基本上是参照院校《外聘教师管理条例》管理的，没有专门针对兼职教师的管理条例，致使在对兼职教师实际管理的过程中存在各种问题。第二，兼职教师和高职院校之间不存在隶属关系，基本上属于按课时支付薪酬的契约关系，院校对兼职教师的管理缺乏依据和力度。第三，高职院校针对兼职教师的考核评价体制并没有形成完善的体系，对兼职教师的组织管理、考核评价虽有提及，但并未明确，没有提出适当的标准，院校在兼职教师实际的考核评价中无章可循，多数的考核和评价是从教学任务的完成进度和学生的评价中获取，致使对兼职教师的反馈期较长，效果较差。第四，院校在对兼职教师的管理过程中，忽视对兼职教师进行系统的岗前教师资格培训，更鲜少对兼职教师进行定期培训，使得兼职教师课堂教学的随意性较大，教学水平参差不齐，教学态度令人担忧。第五，高职院校对聘任兼职教师没有进行长期规划，基本上是每学期聘任兼职教师完成授课任务之后，如果下学期没有兼职教师可任教的课程，院校则不再聘任，在聘任期间，院校很少做兼职教师资源储备工作。此外，兼职教师承担着本职工作，存在企业不支持、本职工作繁重、精力不足、授课时间与本职工作时间冲突等现象，致使兼职教师具有很大的流动性以及授课时间的不确定性，增加了高职院校兼职教师管理的困难。总之，目前高职院校对兼职教师的管理是一种较为边缘化的管理，尚未形成制度化管理。

院校兼职教师资源的利用率不高。高职院校对兼职教师资源利用率不高，一般兼职教师到高职院校授课，大多是上课前到达，下课后立即离开，与学生几乎零沟通。除了授课之外，兼职教师鲜少参加高职院校的其他学术活动或文化活动，与专任教师交流甚少，更很少参与院校的人才培养计划制订、科研项目研究、专业课程开设或是相关教材的选择。部分院校由于兼职教师的时间限制采取集中授课的形式，常常四课时连上，不仅学生学习容易疲劳，影响听课效率，更会导致兼职教师授课疲倦，使知识和技能讲授不到位。高职院校聘任兼职教师多是按兼职教师的课时支付薪酬,多数兼职教师对薪酬标准表示比较不满意,同时希望高职院校可以提供独立的办公室或休息室,以便兼职教师课间休息或存放上课教材。总的来说,兼职教师的潜在能力并没有得到充分的发挥,属于人力资源上的浪费,并且院校给予兼职教师的待遇过低,一定程度上影响了兼职教师的积极性。

(二)产生问题的原因

高职院校兼职教师管理存在着较大的问题。从参与整个高职院校兼职教师队伍建设的各个方面来看,国家相关法律、政策不完善,学校管理机制不健全,企业参与动力不足,兼职教师自我身份认同感较弱等因素都对高职院校兼职教师的管理产生了一定的影响。具体分析如下:

国家相关法律不明确。高职院校聘任兼职教师虽在相关的法律法规中有所提及,但对于兼职教师管理缺乏明确的法律解释。《中华人民共和国职业教育法》作为职业教育根本法,对兼职教师聘任、解聘、职务、薪酬、评估、培训等方面并没有详细明确的说明,虽然规定"职业院校和职业培训机构可以聘请专业技术人员、有特殊技能的人员和其他机构的教师担任兼职教师。有关部门应当提供方便。"但是并未进一步明确兼职教师的法律地位,仅有对院校方面的要求,对于企业的行为并没有刚性要求,也没有相应的法律约束及激励机制,导致无法具体实施落实。而《中华人民共和国高等教育法》第五章对于高等学校教师和其他教育工作者的规定中并没有专门针对兼职教师管理的规定。《中华人民共和国教育法》《中华人民共和国教师法》也均未对兼职教师的相关法律权利和义务做出明确规定。《中华人民共和国教师资格条例》中未有对兼职教师资格的认定条款,同时各类相关的教育法规中更没有关于保护兼职教师合法权益的条文规定,对兼职教师缺乏必要的法律保障,并且"我国高校工会不包含兼职教师的组织关系,兼职教师其编外性质导致兼职教师与用人学校发生纠纷时,他们的权益往往得不到保护"。因此,高职院校对兼职教师的管理缺乏法律依据,在兼职教师的资格如何认定、聘任如何进行、兼职教师如何进行长期发展等方面都没有具体可供参照的法律依据,造成兼职教师管理困难。

政府相关政策不完善。虽然我国从 1985 年开始相继在各类国家相关政策中提出高职院校需进行兼职教师的聘任,但在具体如何对兼职教师管理等方面并没有明确规定。《国家中长期教育改革和发展规划纲要(2010—2020 年)》指出"要调动行业企业的积极性，制定优惠政策"，但并没有明确的优惠标准，且不属于刚性规定。2012 年教育部制定了《职业学校兼职教师管理办法》，作为关于高职院校兼职教师管理的首个独立的管理办法，虽为兼职教师的管理提供了一定的依据，但是其自身仍较为不完善，相关管理规定多采用"鼓励""应当"等倡议建议性文字，其强制性并不明显，例如，管理办法中规定"兼职教师原单位和学校应当分别为兼职教师缴纳工伤保险费，鼓励学校为兼职教师购买意外伤害保险"，购买保险事关兼职教师人身权益的保障，仅"鼓励"学校购买并不能达到相应的效果，管理办法中虽提及对兼职教师的考核与评价，但是并未明确规定对兼职教师的考核评价标准和相关激励机制，仅"将结果反馈其人事和劳动关系所在单位"。政府一方面鼓励高职院校积极聘任兼职教师以促进实践教学质量的提高，师资结构的调整，而另一方面并没有建立兼职教师管理的政策制度，二者存在一定的矛盾，这直接影响到高职院校兼职教师队伍的有效管理。

高职院校管理人员思想认识偏差。高职院校管理人员思想认识的偏差主要表现为两方面：一方面是对兼职教师与外聘教师的概念区分不清；从概念范围而言，外聘教师与兼职教师虽是包含与被包含的关系，但外聘教师并不等同于兼职教师，而多数高职院校管理人员存在概念上的混淆，对从校外聘任的教师并没有加以区分，将两者混为一谈，认为所有的外聘教师即是兼职教师，并且院校仅仅制定了相关的外聘教师管理制度，并没有独立的兼职教师管理制度，致使在实际的管理实施中存在较大的问题。另一方面则是对兼职教师师资队伍地位的怀疑以及兼职教师对高职院校促进作用的否定。

虽然学校相关管理人员认为聘任兼职教师对提升教学质量是比较有用或是非常有用的，但是在对一些专业主任访谈的过程中，有人提出了异议，由于聘任兼职教师需要院校与企业、兼职教师三方协商，导致聘用过程较为复杂，而寻找行业内较为适合的兼职教师也为专业负责人增加了一定的工作压力，并且院校对兼职教师的组织管理难度较大，更难以制定对其考核评价的标准。重要的是虽然克服重重困难聘任兼职教师，却有部分兼职教师虽然自身技术娴熟，经验丰富，但由于这些知识属于默会知识以及兼职教师对教学方法掌握不足，致使他们无法将知识准确有效地教授给学生，教学效果难以令人满意，是否真正能提升教学质量，提高人才培养素质有待考量。同时专业主任阐述了自己对高职院校兼职教师的看法，认为高职院校聘任兼职教师仅是对教师队伍的一种补充，是高职院校师资力量相对薄弱的无奈之举，如果本院校的专任教师都是"双师型"教师，在理论知识和实践操作两方面都可以达到教学需要的水平，那么专任教师将足以满足学院的教育教学工作，则没有必要聘任兼职教师。这样的思想认识在高职院校管理人员和教师之中并不少见，虽然对兼职教师有一定的认识，但是这种自给自足思想存在着严重的问题，会影响到院校对兼职教师的聘任工作，更阻碍兼职教师队伍的建设与发展。一是高职教育作为职业教育的重要组成部分，是与市场、经济、行业企业密切相关的教育，高职教育离不开行业企业，需要大力借助行业企业的力量发展，需积极寻求与行业企业的合作。而从企业聘任兼职教师则属于校企合作的一部分，院校不仅凭此提高实践教学质量，从长远上看，对兼职教师的有效管理还会促进院校与企业的合作。二是兼职教师岗位工作经验和技术是专任教师无法弥补的，即使专任教师已是"双师型"教师，其本职工作还是教书育人，绝大部分时间还是在院校进行正常的教育工作，每学期承担着大量的教学任务，对本专业设备的更新换代，专业技术的推陈出新，以及对发达国家本行业内领先科技的学习都不如在企业工作的兼职教师掌握及时。

院校管理机制不健全。高职院校多是根据每学期开设专业课程的需要对兼职教师进行短期的聘任，鲜少对兼职教师队伍建设进行长期规划，包括需要聘任兼职教师的专业、兼职教师所需数量、兼职教师专业技术水平及学历层次等方面都没有全方位的需求分析和发展预测。高职院校的兼职教师管理机制并不健全。一是兼职教师聘任制度不完善，院校对兼职教师的需求较为急切，而真正聘任到符合需求的兼职教师比较困难。与院校合作的企业所提供的兼职教师可能并不适合相关的教学工作，但由于存在校企合作关系以及院校聘任兼职教师的渠道较少、社会公开招聘成本较高等原因，院校也只好接受，聘任程序形同虚设，相当一部分应聘人员并没有经过严格的资格审查和选拔测试。二是对兼职教师考核评价体系缺失，多数院校对兼职教师要求基本上是完成本学期的教学工作并且其间不出现重大教学事故，而很少关注对兼职教师日常教学的监督、检查与评估。三是缺乏良好的兼职教师激励机制，高职院校虽尽力满足兼职教师授课时的要求，却对不合格的兼职教师没有适当的处理，更没有对优秀的兼职教师采取相应的鼓励，一定程度上影响了兼职教师的积极性。

资金投入来源单一。高职院校属于非营利部门，虽然部分院校具有经营性的校办工厂，但大体上，高职院校资金来源的主要渠道是国家投入，政府划拨。高职院校主要将资金用于教学基础设施建设、人才培养模式改革、课程建设、师资队伍建设以及数字化校园建设等方面，师资队伍建设仅是院校众多发展计划中的一部分，并且高职院校用于师资队伍建设的资金多投入在专业带头人和骨干教师培养、教师实践锻炼、"双师型"教师培养等针对专任教师专业发展的方面上。对于兼职教师的资金投入少之又少，仅能够满足兼职教师的最基本课时薪酬，而对兼职教师的培训进修等则心有余而力不足。

企业参与动力不足。企业是以经济利益为主导，企业技术人员到高职院校兼职任教，会影响企业的正常生产，减少企业收益，并且，企业不能从职业院校方面得到相应的回报，而若员工在兼职任教期间出现意外或事故，国家相关法律及规定方面对责任追究规定不明，企业得不偿失，使得企业参与动力不足。有学者曾随机选取了长江三角洲地区的325家企业作为调查对象，从企业的视角进行相关调查，其中认为员工兼职教学影响企业的生产工作的企业有173家，占企业总数的53.2%。认为员工的兼职教师工作影响生产的企业中，一般出现两种情况，一是企业禁止员工从事兼职教师工作，一是企业要求员工在本职工作时间之外进行兼职教师工作，以保证生产的正常进行。在对4所高职院校兼职教师的问卷调查中，大多数的兼职教师到院校任教的时间主要是占用了休息、娱乐等私人时间，这是兼职教师认为院校支付的薪酬相对较低的一大原因，同时，较大地影响了兼职教师队伍的稳定性，不易于管理。院校与企业作为两类利益主体，在兼职教师的问题上较难达成一致，为兼职教师的聘任制造了困难。

兼职教师身份认同感较弱。高职院校兼职教师普遍对身份的认同感较弱，来自企业的高级技师在接受高职院校聘任之后，具有双重身份，在企业是员工，在高职院校是教师。员工需要按照一定的规章制度和流程进行工作，注重工作效率以及所创造的商品价值，而教师则是教书育人，重在为学生提供教育教学服务。两者存在着天差地别，不仅需要兼职教师心态上的调整，也要注意处理事情的方法。兼职教师在两种角色的转换中会有不适应感甚至对教师工作产生困惑，这些困惑得不到及时解决，导致兼职教师对其教师身份的不认同。同时，兼职教师游走在两种文化氛围之间，即企业不断发展过程中形成的独特的企业文化以及高职院校学术自由的校园文化，兼职教师在企业已经熟悉了复杂多变的以盈利为主的商业环境，而职业院校的非营利性学术环境对其而言是全新的尝试，在这两种文化的冲击下，兼职教师仍带有一定的趋利性，游离在校园文化边缘，难以真正融入其中。此外，兼职教师与高职院校之间属于按课时计费的较为简单的契约关系，院校对教师除了课时费之外并不提供其他福利以及特定的休息办公场所，兼职教师完成课时任务就离开，鲜少参与除授课外的其他活动，一定程度上影响了兼职教师对作为高职教师的责任与义务的认同。

三、产教融合推动高职院校兼职教师队伍的发展壮大

国家对于高职院校兼职教师管理政策的支持多是规划和引导作用，其强制性较弱，而对于兼职教师的资格、权利与义务以及管理需要以法律的形式做出相应的规定，应具有一定的强制性，要确立兼职教师的法律地位，为兼职教师的权益提供司法保障。同时，针对兼职教师的聘任、薪酬、评估、培训等完善兼职教师管理的相关内容应进行较为详细的说明。此外，人事编制部门要把兼职教师队伍纳入教师队伍，进行长远规划和考虑，建立一套包括聘任、考核、福利、职务评定等制度在内的行之有效、可操作性强的兼职教师管理规章。

地方政府也应加强对相应地方性法规的完善，明确高职院校、行业企业以及兼职教师三方面的权利和义务，使得各个参与方在行为上都可以有法可依，遇到问题或纠纷时可以按章办事，通过正常的法律程序维护自身的合法权。

出台相关政策，促进兼职教师政策保障。政府还应该从多方面支持高职院校兼职教师的发展，起到主导作用，进一步明确企业对职业教育的责任和义务，出台相应的激励政策，鼓励企业技术骨干到高职院校兼职，激励企业承担社会教育责任。例如，为提供兼职教师的企业制定财政优惠政策，促进企业积极为高职院校提供兼职教师，鼓励企业将兼职教师在职业院校任教的表现纳入企业员工评价准则。同时，政府应把兼职教师培养纳入教师队伍培养中并加强培养平台建设，为兼职教师提供培训进修的机会。地方政府应在现有《职业学校兼职教师管理办法》的基础上制定符合区域发展特点以及高职院校发展状况的全面的兼职教师管理制度等。此外，企业员工到高职院校兼职任教也属于校企合作中的一大环节，政府出台政策明确企业和高职院校在校企合作中的责任与义务也可以促进兼职教师的管理，例如，2009年3月《宁波市职业教育校企合作促进条例》规定要建立政府引导、校企互动、行业协调的校企合作运行机制，并设立职业教育校企合作发展专项资金，为职业院校与企业良好的合作关系提供保障。

2012年教育部颁布了《职业学校兼职教师管理办法》。该办法在人员条件、聘请程序、组织管理、经费来源方面做出了相应的规定。《职业学校兼职教师管理办法》是第

一份关于职业教育兼职教师的管理办法，这表明随着时间推移，职业教育的发展，国家已经逐步重视兼职教师在职业教育中的重要地位，已经将兼职教师的管理作为了一项较为重要的工作。当前从国家的相关政策上看，完善高职院校兼职教师的相关管理机制与用人制度是对高职院校兼职教师管理的最重要的部分，同时也支持高职院校多渠道聘任兼职教师，面向社会聘请专业技术人员、高技能人才，从而缓解紧缺专业教师不足的现状，并优化师资队伍结构。

建立职业资格证书制度，规范兼职教师准入制度。要加强对兼职教师职业资格证书制度的管理，规范兼职教师的准入制度。一方面，政府把兼职教师的培养纳入高职师资队伍培养中，建立兼职教师专门培养机构，并由相关教育行政部门出台相应政策允许兼职教师考取高校教师资格证。另一方面，可以由高校师资培训中心牵头实施兼职教师培养工作，针对兼职教师群体的特点创新培训内容，培训合格后颁发兼职教师岗前培训合格证，作为获取兼职教师资格证书的必要条件，并逐步建立对兼职教师职称认定和教师资格认证的评审制度。

实施严格聘任制度——兼职教师的资格筛选。高职院校对于兼职教师的聘任要以实用为原则，对应聘的兼职教师进行较为严格的资格筛选，主要是以下几个方面：一是其专业结构应与高职院校开设的专业相符合，并拥有娴熟的实际操作经验，具有专业的技术资格等级证书。二是需要具备一定的政治和思想文化水平，具有良好的职业道德同时兼职教师的行为应与教师规范相符。三是有从事教师工作的热情，兼职教师虽然未受过正规的师范教育，但至少要对教师工作感兴趣，有意愿从事教师工作并接受相关的教育教学培训。高职院校也要严把聘任关，严格执行对兼职教师的聘任程序。首先制订招聘计划，根据对院校和专业的发展目标以及当前在校学生数量、师资力量等方面的分析，确定聘任兼职教师的数量、要求以及面向的职业，并制订出详尽的招聘计划。然后院校进行人员招聘，在学院网站上发布信息，也可以通过多种方式发布招聘信息，之后不仅要对应聘者进行资格审查，包括应聘人员的技术资格条件、在本单位的工作情况等方面，更要重视试讲工作，择优录取。最后，院校要与拟聘用人员签订聘用合同，明确兼职教师的工作任务以及在院校中应承担的责任，兼职教师待遇以及兼职教师与院校之间的违约赔偿等问题。

完善教师培训制度，保障兼职教师的专业发展。接受培训应该是兼职教师所享有的权利与义务，高职院校应完善兼职教师教学培训制度，一方面院校为兼职教师定期提供教师教育培训，为其补充一定的教育学、心理学知识，使兼职教师了解并掌握常用的教学方法及现代教育技术，充分利用先进的教学辅助设备，从而更好地把知识、技能教授给学生。另一方面，对兼职教师的培训促进了兼职教师的专业发展，为有意愿成为高职院校专任教师的兼职教师提供了机会。例如，辽宁省城市建筑职业技术学院中的一位兼职教师表示，他是一名建筑工程技师，多年从事兼职教师的经历让他热爱教师这个职业，他认为将自己的知识和技能传授给学生是件非常快乐并有意义的事，目前他已在本系办公室里拥有自己的办公桌，与其他专任教师一样参与院校的学术活动、项目研究等工作，同时通过对教育学、教学心理学、教育教学法规等相关知识的学习，他希望取得高等教育教师资格证之后可以成为高职院校的专任教师。高职院校对兼职教师培训可以根据院校实际情况选择假期集中培训和学期中校本培训等方式，并采取多样化的培训形式，如专题讲座、学术研讨、网络授课等。培训内容以高职教育理论、教育心理学、现代教育技术、教育法规等方面为主。

优化考核评价制度——兼职教师的科学评价。高职院校要实行对兼职教师的多元化科学评价，优化现有的考核评价制度，根据不同专业制定不同的考核评价标准，不能仅以教学效果作为对兼职教师的考核评价标准。评价内容方面，对兼职教师要进行全面性的评价，包括兼职教师职业道德、课前准备、课堂教学、教学方法选用等。在评价形式方面，尽量避免采用一种评价方式产生的评价偏颇的现象，要多种评价形式相结合，具有评价客观性、真实性和有效性，并将考核评价结果及时反馈给兼职教师，以便兼职教师更好地调整自身的教学状态。另外，高职院校要依托于良好的校企合作关系，对兼职教师的评价要积极与企业进行沟通，使企业同时开展对兼职教师的评价和派遣工作。

适当采用柔性管理——兼职教师的人文关怀。重视和完善高职院校兼职教师管理制度化建设的同时，要兼顾对兼职教师的人文关怀和柔性管理。高职院校有必要对兼职教师提供人性化的服务，树立"不求所有，但求所用"的人才柔性流动机制现代教育人力资源理念，坚持以人为本的管理原则，为兼职教师的教学提供方便，及时与兼职教师交流沟通，对于课程标准和教学日历的下发、所需教材的准备以及上课时间和地点的安排等均应准确及时，同时，高职院校要满足兼职教师对实践指导环节所需要的设备，对于实践、实验中耗费的材料要及时购买，以保证课程的正常进行，对于兼职教师在实践教学环节的要求也应及时解决。此外，应当灵活地处理兼职教师出差调课与补课的问题，给予兼职教师人文关怀。院校不仅应建立兼职教师激励机制，对教学工作表现良好的兼职教师给予荣誉或物质奖励，调动兼职教师授课的积极性，更应该关心兼职教师的工作状态、心理态度和日常生活，帮助兼职教师协调处理兼职与本职工作的关系、兼职教师与专任教师之间的合作关系，尽量协助解决兼职教师在工作和生活上遇到的问题。院校应为兼职教师提供良好的工作环境和学术氛围，促进兼职教师对自身身份的认同，完成兼职教师的角色转换，使其更好地适应教育教学工作。

促进教师团队协作——专兼职教师共同发展。高职院校要促进专兼职教师合作，专兼结合优势互补，从而切实提高教学质量。促进专兼职教师的合作互补需要院校作出相应的调整，一是高职院校为专任教师与兼职教师提供合作平台，例如一些高职院校组建合作项目工作室，组织成员包括院校内的专任教师和来自企业的兼职教师，专兼结合，共同努力完成项目研究。二是建立互动合作机制，高职院校对需要专兼职教师合作的教学工作进行合理安排，避免不必要的冲突，同时，应每学期举办兼职教师与专任教师的交流会议或学术探讨，增进双方的交流与沟通。三是邀请兼职教师参与人才培养计划制订、专业课程体系重构等工作，增加兼职教师与专任教师合作的机会，拓宽专兼职教师合作领域。

建立多方全面合作机制。高职院校兼职教师队伍的建设与管理需要政府、行业、企业、院校等多方面的全面支持与合作。政府应大力支持，积极倡导，为建立良好的合作机制提供保障；行业企业要重视自身的职业教育社会职责，充分发挥行业企业的职业教育主体作用与功能；院校应立足自身发展，创新兼职教师管理制度。

多渠道资金支持。政府应设专项经费支持高职院校兼职教师队伍建设；行业应充分发挥引导和监督作用，促进校企合作切实有效进行；与高职院校合作的企业可以将员工兼职任教纳入员工的评价之中，并在资金上给予一定的支持，如企业对到高职院校兼职任教的员工给予一定的补贴奖励等；高职院校应多渠道筹集资金，用于优化兼职教师队伍建设，例如适当提高兼职教师的课时薪酬以及提供兼职教师公共休息室等，以促进兼职教师的身份认同感。高职院校除了政府划拨资金以外，可以通过建立校办工厂等创收性项目筹备资金。此外，高职院校积极寻求与企业的合作，并努力提升自身的办学质量，为企业输送大批优秀技能型人才，并给企业提供相应的技术服务，利用自身价值与企业达成合作共识。

　　建立兼职教师信息资源库。要政府引导，行业企业积极参与，高职院校提供兼职教师队伍长期的规划及具体需求，建立区域性的兼职教师信息资源库，将来自各行各业的兼职教师的个人资料利用数据库统一储备，形成包含兼职教师职业、职称、学位、技术等级等情况在内的兼职教师信息资源库。由政府主导，联合行业、企业、院校成立兼职教师资源库的管理部门，负责对兼职教师资源库的建设、资料搜集和整理，记录兼职教师个人情况、企业背景等信息。建立兼职教师信息资源库可以促进兼职教师队伍的建设与管理，一是集中大量兼职教师的信息以备高职院校选聘，以保证兼职教师队伍的稳定性；二是方便与院校合作的企业掌握员工的职业动态，了解院校需求，并根据实际情况派遣企业员工；三是有利于政府未来对兼职教师进行教育资格认定等工作。

第五章 产教融合型实训基地管理提升策略研究

分析总结我国产教融合型实训基地存在的问题，并提供管理提升策略，对于完善其管理工作具有积极意义。依据《国务院关于印发国家职业教育改革实施方案的通知》（国发〔2019〕4号）指导方针，针对我国目前在实训基地管理方面存在的问题，基于本书的研究，提出以下几点策略。

第一节 建立深化校企合作长效机制

已有的产教融合型实训基地的建设管理多在摸索中前进，边借鉴国外的先进经验，边进行自我探索。而今，随着实训基地的数量越来越多、规模越来越大，对其进行科学有效管理，创建中国特色产教深度融合的实训基地管理模式势在必行。

一、深化校企合作

企业应当发挥市场需求主体作用，有条件的企业特别是大企业应当积极创办或参与高质量的实训基地。学校要和企业、行业形成利益共同体；学校专业建设、课程建设要与行业发展、企业岗位需要对接，注重学生实践能力培养；学校教师和学生要真正走出校园，走上社会，深入企业，顶岗实践。

（一）企业层面

作为现代企业，要强调履行社会责任。企业不能只是为了盈利，只为了盈利的功利思想会导致企业在人才培养方面没有责任意识，在校企合作方面没有主动性和动力。校企融合在现在看来只是高等职业院校单方面的热情，远远不能满足高等职业院校培养人才的基本需要。建议企业应该承担更多的社会责任和义务，参与到高等职业教育办学中来，让更多的企业成为高等职业教育的办学主体，让企业过剩的产能得以有效利用，建立起校企深度合作、协同育人的长效机制。

（二）学校层面

高等职业院校现在作为培养高素质技术技能人才的主体更应该积极探究高等职业教育发展的规律，不断调整自身的发展方向，彰显设置专业服务产业属性，努力突出办学特色。

高等职业院校的校长应是职业教育方面的专家，有明确的办学方向和先进的办学理念，能够探究高等职业教育发展的规律，引领高等职业教育和国家经济社会发展的需求相适应。明确职业教育和普通高等教育的不同，从而在人才培养方面更能和职业岗位相结合，彰显行业和职业特性。

高等职业院校的中层领导，特别是系、部的领导是整个高等职业院校的中坚力量。人才培养是一项团队工作，单纯依靠一个领导人或教师的个人能力都是不科学的。高等职业院校的系、部中层在组织教学、科研中起着至关重要的作用，特别是在专业设置方面。所以中层领导更要有彰显行业和职业特性的意识，只有如此才能培养出更多符合市场、企业需要的优秀高素质技术技能人才。

一线教师直接面对学生，课程建设的任务主要由一线教师承担。学校的人才培养理念能否实现，培养的学生能否适应市场的需要，主要依靠一线教师的课堂教学、教材建设、实习实训环节等方面的作用发挥。教学是否贴近实际岗位工作要求，学习领域是否贴近工作领域，要求一线教师要有彰显行业和学科个性的意识。关注人才培养模式的新变化，不断调整教学方式和教学内容，培养更多的适应国家经济转型、产业升级发展需要的高素质技术技能人才。

高等职业教育的发展要符合职业教育的发展规律，也要符合人才的成长发展的规律。要不断提高认知水平，加深对职业教育规律的认识和把握，深化改革，勇于实践，贡献智慧，提供经验，为加快建设中国特色的现代高等职业教育体系贡献力量。

二、建立长效机制

合作建设产教融合实训基地，是校企合作人才共育的有效途径，实现互利共赢是合作的长效机制。实训基地建设的创新，离不开良好的法治环境和政府相关政策的支持，更离不开作为主体的学校与企业的参与和支持。

（一）构建有约束的企业利益保障机制

企业的根本目标是追求经济利益最大化。高等职业院校实训基地建设能否可持续发展，主要取决于合作后企业能否产生良好的经济效益，因此，需要建立企业利益保障机制。

第一，设立政府奖励基金，对积极参与校企实训基地建设的企业进行认证并给予一定的奖励，一方面是对企业在实训基地建设中承担相关责任和义务的费用与风险的补偿，同时也表明政府的态度，对社会起导引作用，对企业而言则是一种宣传，对调动其积极性有积极作用。

第二，完善经济激励机制，制定科学的可量化的实训基地教学质量评估标准，规定严格的实训基地教学质量评价程序，对实训基地建设进行全方位的有效评估，对达到一定标准、积极参与校企合作实训基地建设的企业，实行适度的税收减免和优惠政策。

第三，保障人才优先供给。通过校企共建实训基地，企业可以源源不断地获得高技能优秀人才，企业还可以根据需要，采用订单培养、现代学徒制等培养方式培养"工程专家"和"技术能手"，获得企业所需的高技能人才。

（二）构建学校良性的运行保障机制

首先，学校要基于企业的产品或项目，借助实训基地平台，主动承接或实施，形成双方的结合点；基于企业的"工程专家"和"技术能手。实现教师（师傅）互聘，弥补高等职业院校"双师型"教师不足的问题；基于企业真实的职业环境，营造浓厚的实训职业氛围，提高学生的职业技能和综合素质。

其次，利用高等职业院校的教学、科研、品牌等优势，通过拓展社会服务功能等创造经济效益，培育实训基地"造血"能力。

最后，学校要集中有限的财力和物力，重点保证共享性强的实训基地建设，充分利用高等职业院校现有的实训设备和设施，通过新建、扩建和改建，将实训基地做大做强，形成规模，成为开放性的区域实训基地。

（三）成立产教融合实训基地共建工作委员会

高等职业院校产教融合实训基地规范有序高效运行，成立协调和管理实训基地工作委员会，通过制定章程或签订协议赋予和保障委员会的法律地位，是改变实训基地管理水平不高、校企合作不紧的现实需要。

第一，委员会成员应该由政府部门有关领导、参与产教融合实训基地建设的职业院校及行业、企业的负责人组成，下设秘书处，由各高等职业院校分管领导担任秘书长。秘书处每年由各成员单位轮流担任。

第二，制定与完善促进产教融合实训基地建设的运行管理机制，起草审议《产教融合实训基地管理暂行办法》《实训基地管理规章制度》《实训基地仪器设备管理制度》《实训基地安全管理条例》等有关制度，组织和指导高等职业院校产教融合实训基地的管理工作，使实训基地建设与管理工作有条不紊。

第三，对参加产教融合实训基地的高等职业院校及专业设置情况实施调研，了解院校的详细情况，同时对参与实训基地建设的企业进行调研，明确企业对人才培养的需求。在此基础上，基于相关院校和企业，积极开展实训基地建设标准、专业设置标准、课程体系标准、实训教材标准等方面的研究与制定工作，为提升参与建设高等职业院校和企业核心竞争力助一臂之力。

第四，讨论、协调产教融合实训基地建设中出现的重大问题，维护实训基地有效运转，并做好新成员的吸收工作。

第五，做好高等职业院校产教融合实训基地教学质量评价和教学质量监控信息反馈，不断改进实训基地的管理工作，促进实训基地建设的规范化、科学化、效能化。

第二节　打磨凸显实训基地高等性

一、明确人才培养的目标定位

《国务院关于印发国家职业教育改革实施方案的通知》（国发〔2019〕4号）提出，牢固树立新发展理念，服务建设现代化经济体系和实现更高质量更充分就业需要，对接科技发展趋势和市场需求，完善职业教育和培训体系，优化学校、专业布局，深化办学体制改革和育人机制改革，以促进就业和适应产业发展需求为导向，鼓励和支持社会各界特别是企业积极支持职业教育，着力培养高素质劳动者和技术技能人才。

我国以劳动力价格低廉的优势占领了国际代工市场，成为制造业大国。但是，我国大多数产业技术水平低、模仿他人，缺乏自己的核心技术。这个阶段所需要的劳动力也主要是低端技能人才和农民工，因此职业教育也只是低层次的发展。当前，我们面临着新一轮的产业升级和从"中国制造"向"中国创造"的转变，技能型人才的短缺更多地表现为高素质技术技能人才的短缺，特别是在制造、医疗卫生、服务、建筑、能源等传统产业和电子信息、航空航天等高新技术产业方面。高素质技术技能人才的缺乏，已成为阻碍产业升级、制约经济社会发展的短板，所以培养大量的高素质技术技能人才迫在眉睫。因此，产教融合型实训基地要将培养高素质技术技能人才作为基地的人才培养目标，以更好地满足社会对高素质技术技能人才的需求。

培养高素质劳动者和技术技能人才是实训基地的目标。要实现这个培养目标，要求学校要具备以下的培养能力和条件：

（一）完备的师资力量

基地为适应培养高素质技术技能人才的需要，围绕提高教师理论教学、实践指导、科技开发、社会服务和创新创业教育五种能力为中心，以提升教师"双师"素质、优化教学团队"双师"结构为重点，建立"内培外引、校企互聘、联合培养、共同管理"的教师培养机制，完善教师激励机制和考核评价体系，大力培养"德厚、识博、技熟"的专业教师，逐步建成一支理论水平高、实践能力强、结构合理、师德高尚的"双师型"专业教学团队。

（二）完善的教学条件

适应高素质技术技能人才培养，基地应加大实验实训条件建设力度，包括设备购置、实验实训室建设等。同时，充分利用实验实训室，加强实验实训室管理，允许并鼓励面向学生开放实验实训室。提升基地教育信息化水平，重点加强信息化基础设施建设、数字化信息资源开发和教育管理信息系统应用，大力开发数字化教学资源，推进现代化教学手段和方法改革，开发虚拟实训，搭建校企互动信息化教学平台，推进职业教育政务信息化，建立健全职业教育服务与监管综合信息系统。

（三）实训基地应既突出强调学生专业技能，注重学生动手实践能力、实际操作能力，又强调学生的职业素养、学习能力、创新意识等

高素质技术技能人才不是由学校培养出来的，而是在生产劳动过程中不断锻炼提升才能达到的。实训基地的作用就是传授给学生成为高素质技术技能人才所必需知识的同时，培养学生必需的职业素质，树立必需的职业意识。

二、强化人才培养的职业素养

职业素质，是指劳动者对职业了解与适应能力的一种综合体现，主要分为专业素质和基本素质。其中，专业素质是指从事一个行业所必需的素质，包括职业技能和职业意识；基本素质是指参加工作，不论行业种类都需要的素质，包括职业道德和身心品质。

职业技能与职业意识是职业素质的核心，而职业道德和身心品质对于职业技能和职业意识的形成有着十分重要的作用，将四者有机统一，才能形成职业素质。所以，实训基地对高端技术技能型人才的职业素质培养应当涵盖职业意识、职业技能、职业道德和身心品质。

在课堂教学方面，实训基地及时了解行业的最新的科研成果，密切关注行业的发展趋势，同时了解企业用人的需求。根据教学大纲和这些行业的最新信息，调整课堂的教学，做到学科性、专业性、职业性的统一，最大限度地促进学生素质和能力的提高，让学生认知到自己应具备的职业素质，满足学生就业与发展的需要，培养学生成为具备综合职业素质的技术技能型人才。同时，将职业基本素质教育融入专业课教学中，职业基本素质的形成需要长时间持续地培养，课堂中渗透职业道德方面的教育，使学生树立正确的世界观、人生观、价值观以及职业观。课堂应采用多种形式的教学方式，如自编自导自演的情景剧、小组 PPT 展示等以调动学生学习和参与的积极性。加强课堂教学管理，强调出勤率、着装、语言、行为，并与课程成绩挂钩。良好的课堂管理，不仅能提高学生的听课质量，增强课堂教学效果，而且有助于学生职业基本素质的养成。

建立班级考核制度，形成班级与班级之间的竞争，产生压力并转化为动力，调动积极性，促进班级成员互相监督，形成良好的班级学习氛围和团队意识。同时建立学生的考核制度，采用德育学分制，考查学生的学习成绩和道德素质，将德育量化成学分制，使德育目标详细化，将口头说教变成行为教育，有利于学生自我约束和自我管理的形成，使学生掌握做人的基本原则，养成文明的行为习惯。

开展各式各样的竞赛活动。知识竞赛可以加强学生在课堂上的学习所得，强化理论认知；技能竞赛可以加强学生的实践操作能力；体育竞赛可以加强学生团队意识，促使学生敢于挑战自我，勇于拼搏；演讲比赛可以锻炼学生胆量和表达能力。志愿服务，学生可以在志愿服务中学到许多课堂上没有的知识，锻炼了协调与沟通能力，更重要的是增强了学生的爱心、服务意识和社会责任感，有利于学生道德品质的形成；举办讲座，邀请企业高层、行业专家、优秀毕业生来校做讲座，可以让学生了解行业最新的形势，全方位加强学生对职业素质的认识。

鼓励学生企业顶岗实习。学生实习前要培训，重点安排就业形势分析等相关法律政策解读、创业与就业指导报告、实习纪律、安全教育、个人简历撰写、应聘礼仪、模拟招聘、企业用工要求等内容，让学生为实习做足准备。企业顶岗实习可以让学生熟悉就业工作流程、掌握求职面试技巧和企业工作流程，并在实习过程中树立正确的职业理想和"先就业、后择业，先生存、后发展"的就业观念，以充足的准备找到理想的用人企业。

三、建立健全基地文化体系

实训基地的文化建设是实训基地内涵建设的重要内容。实训基地文化建设创新，就是要以实训基地为载体，实现企业文化与校园文化在实训基地的有机对接与融合，就是突出实训基地校园文化的"企业化"特质，凸显实训基地企业文化的"高职化"特色，将企业精神、企业形象、企业制度、企业行为融入学校精神文化、学校物质文化、学校制度文化、学校行为文化中，对深化高等职业院校实训基地建设、提升高等职业院校办学核心竞争力、实现学生毕业从学校到企业的零距离过渡，具有重要而深远的意义。

文化建设是一个由管理层精心设计、积极推进、全基地师生在教育教学实践中共同遵守贯彻执行的过程，是一个循序渐进养成和实践的过程，最终体现为全基地师生员工的自觉行为。基地管理者应站在基地发展战略的高度，以行业劳动力需求为导向，兼顾行业特色，结合区域文化特色，融合时代精神，立足创新，对基地文化建设进行总体规划、系统设计和组织实施，并相应进行体制和管理创新，形成科学的办学理念、办学思路、价值观念和行为规范，并身体力行，为师生起示范作用，对师生员工进行观念更新，多方位推进基地文化建设。

加强在教师群体中文化理念的宣贯，再通过教师将基地文化传导到学生思想中。通过教学系部向教师宣传基地文化理念。系部要定期召开专题会议讲解、宣传基地文化，并要求教师在平时授课时有意识地把教学内容和基地文化结合起来，经常在课堂上传播基地文化，让学生处在浓郁的基地文化中，时刻接受基地文化的熏陶，强化基地文化在学生意识中的印象，最终基地文化将指引和影响学生的行为处事习惯。

充分发挥学生社团的作用。基地教师要通过讲座、会议等形式把基地文化理念传播给学生社团的骨干人员，然后再通过他们传播给社团的其他成员。学校要积极组织社团开展宣传基地文化理念的各种活动。如基地文化知识竞赛、演讲比赛、书画展等，让社团通过学生喜闻乐见的形式把基地文化理念传达给学生。以上方法可以把基地文化由点到面地在学生中传播开来，并逐渐使基地文化理念内化到学生的思想意识中去。

基地环境也是彰显基地文化的重要部分。基地环境布置应从职业教育需要的角度科学规划，注重物质文化与精神文化相结合，体现基地成员的价值取向、精神追求。基地环境布置应结合自身特质，彰显人文关怀，成为具有一定企业价值观的物质载体。如基地内的各种雕塑、壁画、宣传设施、视觉媒体等环境布局和设置应与职业信息紧密相关，形成具有职业特色的文化艺术景观；基地内的楼、路、灯、教室等可以用行业企业及人名命名；在楼宇等建筑物氛围营造上，不仅应有名人画像、格言警句、办学思想，更应有职业说明、职业定位、职业风采、职业岗位要求、职业需求信息、行业与专业发展趋势、业内成功人士资料等；基地文化具有历史传承性，可通过设置校史陈列室、荣誉室等增强师生对基地文化的认同感和自豪感，从而增强凝聚力和向心力。

提高基地文化和企业文化的结合度。基地的人才培养目标要求基地教育要面向社会、适应市场，以企业需求为导向。可以让学生到基地共建企业去顶岗实习，以企业的规章制度来要求学生，使学生亲身体验到作为一个企业员工的真正感受。让学生接受企业文化的熏陶，强化企业文化意识，具有企业的组织群体意识、归属感和认同感，使学生的专业技能、职业意识等到毕业之际基本能够满足企业的要求，为学生今后走上工作岗位奠定基础，实现基地教学与就业市场的零距离对接。

四、提升基地教学科研实力

产教融合实训基地作为职业教育的重要载体和平台，要将教学和科研作为主要的发展方向，采取教学与科研相结合的方针，大力开展技术应用研究，提高技术创新水平，再把研究成果引入教学内容中，提高教学质量。

一是加强队伍建设，培养造就一批有较高科研水平的学科带头人及科研骨干。依据国家政策支持技术技能人才凭技能提升待遇，鼓励企业职务职级晋升和工资分配向紧缺急需的高层次、高技能人才倾斜。建立国家技术技能大师库，鼓励技术技能大师建立工作室，并按规定给予政策和资金支持，支持技术技能大师到职业院校担任兼职教师，参与国家重大工程项目联合攻关。同时，不断完善各种激励措施，以便充分地调动职业院校教师从事科研的积极性。可以通过完善技术职称的评聘工作、改革奖酬金发放办法，将职称评聘、奖酬金与科研工作相挂钩，激励职业院校教师从事科研工作。

二是引进新型实验仪器和实训设备，建设基础设施。巧妇难为无米之炊，没有实验实训设备，要进行科研活动只能是空谈。基地可以从事业费中安排经费用于仪器设备的购置，同时也可以从科研经费及科研项目完成后的节余经费中提取一定的比例用于仪器设备购置，此外科研成果转让也是一笔不小的经费来源。总之，基地应通过多种渠道筹措资金，更新仪器设备，保证教学科研工作的正常进行。

三是建立信息网络系统，做好信息交流工作。科技信息交流是研究活动的组成部分，它贯穿于科学研究工作的始终。在现代科学技术飞速发展、日新月异的今天，没有科技信息交流，选题就会盲目，就会出现低水平重复，进度就会缓慢，成果就不可能是高水平的。加速建立快速、灵敏的信息网络系统，加强科技信息交流，对于基地及时准确地调整和把握学科发展方向、选准主攻目标、加速科研工作的进展、减少低水平重复、提高科研工作的效益具有十分重要的意义。所以，实训基地要从多方面筹措资金，建立与国内外科研信息资源连接的信息网络系统，使基地能随时获取最新的信息。

四是科研实力的提升带动教学质量的提升。科研实力强的机构一般来说影响力、声望更大，而声望大的学校更容易聚集相关资源。可以邀请到更多的知名专家和行业领军人才来给学生开设讲座，可以为学生提供更好的实验设备，可以利用自身在行业的影响力举办各种国家、省级层面的大赛，可以提供给学生重要的社会活动、多样的社会实习机会、良好的实验实训和图书资料等资源来提高学生素质。同样，科研实力提升也有助于打造高水平科研平台，从而吸引更为优秀的教师和人才。这些都是科研实力的提升而带来的教学质量的提升。

五是理论联系实际，加强实践教学。学生仅靠课堂内容不能提高自身综合水平，要积极开拓、主动投身于生产劳动才是逐步走向社会的关键所在，基地要为学生提供更为广阔的实际运用的机会。鼓励学生参加学校各种科技创新、挑战杯等活动。教师要积极联系学生，鼓励学生参加科研项目，为学生提供参与科研项目的机会。让学生打好理论基础，并在此基础上积极探究，利用年轻人独特的视角进行开发创造，在各项活动中找到自我发展成长成才的道路。

第三节　夯实强化实训基地职业性

一、系统优化人才培养方案

培养技术技能人才是高等职业院校的根本任务。历史使命决定了高等职业教育应当根据区域经济发展的人才需求，不断调整和优化专业结构，深化教育教学改革，创新人才培养模式，努力培养学生的创新精神、创新意识和创新能力，为国家实施创新发展战略夯实人才基础。高等职业院校应主动以建设区域开放产教融合型实训基地为契机，结合区域主导产业或支柱产业人才培养需求，与合作企业一同制订实践教学方案，探索实施课程及学分认证、师资共享、实训教学内容共同开发等方面的改革。推行任务驱动、项目导向等教学做一体的教学模式，达成合作共赢的目的。在设置系统的人才培养方案过程中我们要遵循下面两个原则：

一是与专业群建设相结合，搭建专业共享平台。整合实践教学资源，建设面向专业群的实训基地是专业群建设的主要任务。区域开放产教融合型实训基地的建设必须服务专业群发展，依据工学结合人才培养模式三个核心要求（顶岗实习、专业课程做中学、"1+X"证书制等）系统设计专业实践教学体系，增强实践教学体系的开放性与共享性，探索职业素质能力、岗位实践能力、专业核心能力综合培养模式及跨专业群多层次综合实践教学平台建设模式，实现职业教育各层次共享；以区域、行业企业为依托，拓展实践教学模式，根据专业群各专业的实践教学要求，细化岗位设置，满足中高职和本科实践教学的不同需求，满足专业群内学生共性的实践训练需要与专门化的、个性化的技能提升训练要求。

二是与创新教育相结合，提升学生创新能力。高等职业院校要充分利用区域开放产教融合实训基地的优质资源，助推学校创新教育朝更高层次发展。实训基地中真实职场氛围的营造、创新文化的融入、生产性实训和顶岗实习的实施以及教学过程和生产、科研、经营实际有机融合、教学做一体的教学模式等，对学生创新意识的渗透、创新思维的拓展起到了极大的助推作用，也为学生职业素质养成提供系统训练。通过实训基地开展的各级职业技能大赛、大学生实践创新训练计划等创新实践活动与创新教育课程教学的有机融合，针对性地选择综合性技术岗位，为共享学校的学生提供部分实践岗位，使学生的技术应用和创新能力得到充分锻炼和提升。

在具体实施细节方面，基地需要以企业需求为导向，以职业标准为依据，以培养高素质技术技能型人才为目标，进行课程设计。基地需要及时了解社会所需岗位人才的种类，从而对专业的设置以及教学内容做出调整。学生的职业生涯发展是实现学生自身发展和企业发展需要的结合点，基地专业人才培养方案的开发应使学生获得与企业发展需要相一致的职业知识、职业技能和职业态度，并为学生的职业生涯规划和可持续发展奠定坚实基础，拓展更加宽广的成长空间。具体实施主要从以下四个方面进行：

（1）理论教学。基地的理论教学特别强调理论要为实践服务，以指导实践，提高技术应用能力为目的，促进学生用科学的技术理论指导实践和实践操作。专业学习领域课程以任务驱动型课程为主体，课程实施主要按照工作流程或技能提升的逻辑顺序来展开，从与学生生活密切相关的、具体的、范围较窄的工作任务切入，使学生在校期间熟悉工作岗位所需的工作对象、工作内容、工作手段、劳动组织、工作环境、工作过程。基于此，课程体系应对理论教学进行大胆改革和重组，取消与专业实际技能培养关系不大、理论性过强的课程，对一些与专业相关的课程进行内容的调整与合并，增设反映新技术的技能课程和过程性课程。

（2）身心素质教育。一名合格的毕业生不仅需要掌握基本专业技能，更需要良好的身心素质，因此，身心素质教育就是实训基地人才培养方案重要的组成部分。开设公共文化学习领域课程，培养学生的社会共同信念和情感，使学生树立正确的世界观、人生观、价值观和职业观；加强人文素养，树立法制观念，使学生成为适应现代社会的身心健康、遵纪守法的合格公民。通过公共文化课的学习，有利于学生心理素质的提升。开设种类丰富的体育课程，除篮球、羽毛球、排球、乒乓球等传统体育课程，可以开设足球、游泳、网球、武术、舞蹈等较少见的课程让学生有自由选择的余地，可以选择自己喜欢适合的体育课程参加。同时设立身体素质测试，作为引导学生进行身体锻炼的有效抓手。

（3）实践教学。落实"以学生为主体"这一理念的关键是参与，给学生提供自学的机会、动手的机会、表达的机会、创新的机会。培养学生的动手能力是基地课程的重要目标。因此，基地课程体系不应当仅是知识的体系，它不仅要包含知识点，更多的内容应该是技能项，是技术知识体系，是经过动手操作才能理解和掌握的内容。实践课程内容有利于学生将学到的知识、技术运用到实际中去，这对于基地学生来讲是至关重要的。因此，实践性强的、操作性强的课程科目应当占课程体系的主要部分，并使课程体系的结构有利于教学过程从以课堂讲授为主转变到以实验、操作为主的方式上来，通过校内外实习实训基地，让学生能在更多更好的实践环境、动手环境中完成课程学习。

（4）企业顶岗实习。将企业顶岗实习作为基地人才培养方案最后一部分，在经历了实训基地的理论、身心素质、基本实践操作培训后，到基地共建企业顶岗实习是学生正式工作的最后一步准备。企业顶岗实习可以让学生熟悉就业工作流程、掌握求职面试技巧和企业工作流程，并在实习过程中树立正确的职业理想和"先就业、后择业，先生存、后发展"的就业观念，找到理想的用人企业。

二、设置系统培养课程体系

课程设置一般指各级各类学校开设的教学科目和各科的教学时数。简单地说，课程指在某一学习阶段，按照某种顺序展开的"教"和"学"内容的全部，即有计划地、系统地学习内容。高等职业教育课程设置是基地培养高素质技术技能人才的总体规划，它把为达到培养目标所要求的教学科目及其目的、内容、进度和实现方式等在总体规划中全部体现出来。

当今社会科学技术的迅速发展，劳动组织形式的急剧变革，使得原有的学科与行业之间的界限被打破，产生了许多复合型、技术含量相对较高的新岗位。基地要了解当前行业的基本情况，从实际出发，根据企业需求进行课程设置，使学生获得与企业发展需要相一致的职业知识、职业技能和职业态度，立足现实的同时要面向未来。当今社会发展迅速，各个行业日新月异，现在热门的工作可能在几年后就会消失不见。因而，基地要动态掌握行业发展方向，在课程设置时应考虑未来社会的需求和学生可持续发展的需求，注重培养学生的学习能力、创新能力、创业能力。

根据课程内容的专业性强弱，可以将课程分为专业核心课程和非专业核心课程。

专业核心课程，是指以本专业基本活动为主题而编制的课程系统。专业核心课程可分为专业知识课程和专业技能课程。其内容是按照职业群共有的基础技术和基本技能整合而成，作为教学和实训的中心内容，并在时间上、师资上予以优先保证。

专业知识课程，覆盖该专业对应职业岗位群需要的最基本、最主要的知识和技术，教学上侧重于技术原理、技术方法的讲授。每个专业设立 5~6 门核心专业知识课程，保证学生有足够的时间和条件学好这些课程，掌握本专业必备的知识和技术，确保学生有一技之长。专业知识课程要特别强调理论要为实践服务．以指导实践，提高技术应用能力为目的，以"必须、够用"为原则，学生的科学技术理论知识是进行实践操作的基础。基于此，课程体系应对理论教学进行大胆改革和重组，取消与专业实际技能培养关系不大、理论性过强的课程，对一些与专业相关的课程进行内容的调整与合并，增设反映新技术的技能课程和过程性课程。

专业技能课程，这类实践性强的、操作性强的专业技能课程将是最为主要的课程类型。专业技能课程是强化培养学生的动手能力、操作技能的课程，重在职业基本技能。这一类型的课程强调职训、实训、实验、上机等实用性操作训练，以满足第一线应用技术人才的实际需要。给学生提供自学的机会、动手的机会、表达的机会、创新的机会。培养学生的动手能力是实训基地课程的重要目标。专业技能课程内容有利于学生将学到的知识、技术运用到实际中去，这对于基地学生来讲是至关重要的，是学生毕业后能尽快参与工作的关键。

非专业核心课程，主要是为学生提供必备的科学、人文等方面的基础知识以及学生身心素质的提升。可分为基础必修课程和选修课。

基础必修课程，主要包括高数、大学英语、计算机基础、中国近代史、毛泽东思想与中国特色社会主义、思想道德修养与法律基础、体育等课程。基础必修课程是指为学生继续学习提供基础知识与基本理论，培养学生基本能力与基本素质而设计安排的。如高数、大学英语、计算机基础、中国近代史等课程使学生掌握最基本的科学人文知识；毛泽东思想与中国特色社会主义、思想道德修养与法律基础等课程对于学生树立正确的世界观、人生观、价值观有重要作用，进而加强自身的行为修养，树立正确的择业观；体育课则可以提升学生的身体素质。

选修课，以人文课程为主，兼有科技、管理、文体类等课程，例如行为礼仪、沟通技巧与写作、心理学、艺术鉴赏等，开拓学生知识面，为学生多方面个性发展提供帮助。同时，允许学生选择其他专业的专业核心课程，让学生对不同的专业都有所了解，建立对其他专业的兴趣。

三、搭建优势人才实训情境

为了培养出符合市场需求、适应企业环境的高素质技术技能人才，采用"工学结合"培养模式，基地要搭建优势人才实训情境以完成培养目标。

实训首先要满足真实性，实训使用的设备与企业的设备需保持一致，实训的过程与生产过程一致，实训室具备产品生产的功能。同时，实训必须引入企业真实的工作情境、文化氛围和管理模式，按照生产的工序流程来布置。使实训尽可能贴近生产、技术、管理、服务第一线，努力体现真实的职业环境，让学生在一个真实的职业环境下按照未来专业岗位群对基本技术技能的要求，得到实际操作训练和综合素质的培养。

其次是先进性。实训项目需要紧跟行业发展前沿，体现新技术、新工艺，瞄准实际操作人才缺乏的高技术含量和新技术行业的职业岗位，在技术要求上要具有专业领域的先进性。使学生在实训过程中学到和掌握本专业领域先进的技术路线、工艺流程和技术实际应用的本领；使基地投入具有前瞻性、持久性。

再就是效益性。效益是任何一个项目开始前都要考虑的最为现实的问题，实训项目同样如此，实训需要尽可能使所建设的实训基地适用性强，能进行多学科的综合实训。相关专业尽可能通用，充分利用有限资源，最大限度地节约资金。同时，不仅为校内学生提供基本技能实训场所，而且为社会提供多方位服务，产生社会效益。

搭建优势人才实训情境需要整合现有资源，优化运行机制。职业教育要求理论教学以适用、实用、够用为度；实践教学则应当遵循由简单到复杂、由熟悉到熟练的循序渐进的过程。这一教学过程需在真实的职业环境中，需要大量的资金投入。因此，考虑到项目的经济性，我们在实训基地设备的选型与购置中，既要考虑经济建设对实用型人才的需求，构建真实或仿真的职业环境，又要注意控制实训成本。

此外，为了更充分合理地利用现有资源，可以通过对原有的实训场地重新规划、改造、归并与新建实训项目进行有效的资源整合和优化配置，实现基地与基地之间的资源共享。通过有效地整合资源、优化资源配置、完善硬件建设配套、建立更为健全的管理体系，可以增强综合实训能力，并降低实训成本。

四、提升专业职业迁移空间

随着科技的快速发展和经济全球化的不断推进，随之而来的是生产方式革新及产业升级换代。产业升级必将导致传统生产工艺和技术被淘汰，一些技术工人由于技术不再匹配，离开原先工作岗位而选择自谋出路成为必然。在当今社会职业结构呈现动态性变化、岗位职业不确定因素增加的情况下，仅让一个人为某一特定职业或岗位做好准备是不够的，为了让学生能在复杂多变且充满风险的社会里实现长期就业，基地要培养学生风险意识，提升专业职业迁移空间.加强对学生适应能力和发展潜力的培养，适应高度不确定社会的需求。提升学生专业职业迁移空间主要从以下几个方面入手：

（1）提升学生的综合素质。综合素质主要包括思想道德素质、心理素质和职业素质。思想道德素质可帮助学生树立正确的人生观、社会观和道德观，形成遵纪守法、讲诚信的优良品德及良好的职业道德素质。心理素质是指个体在心理过程、个性心理等方面所具有的基本特征和品质。良好的心理素质有助于学生形成完整的人格、与他人构建良好的人际关系、对自己的能力做出适当的评价及充分的社会适应力。职业素质是劳动者对社会职业的了解与适应能力的一种综合体现，是高职毕业生立足社会、体现自我价值的关键素质。综合素质的培养可以将教育工作从单纯的实现就业、追求就业率向学生的全面发展转变，提高学生对不同岗位的适应能力，进而实现长期就业。所以，在教育内容上，不仅要有专业理论学习和基本技能训练，还要增加思想道德文化修养、心理素质、职业素质的训练内容。

（2）提升学生的职业迁移能力。基地的教育坚持"以能力为本位、以就业为导向"的发展模式，但这里的"能力"不仅仅是操作技能，还应该包括语言表达能力、学习能力、思维能力、创新能力、环境适应能力、团队合作能力及职业发展能力等。这些能力是职业生涯中除岗位专业能力之外必须拥有的基本能力，也即可迁移技能。可迁移技能是跨越具体职业的能力，是当工作岗位变更或职业变化后，能在新的岗位或职业中继续发挥作用的能力。从当下社会就业形势看，转岗或转业的情况会变得很平常，因此拥有迁移能力是职业生涯中必备的技能。职业迁移能力是一个广泛的概念，包含许多内容，而且大多是课堂上学不到的，基地需要分析学生特点，组织形式多样、种类丰富的各类活动，如演讲比赛、志愿活动、体育竞赛等，鼓励学生积极参与，以此来提升学生职业迁移能力。

（3）培养学生终身学习意识。基地的教育是以就业为导向的教育，它要教会的是学生掌握某一种谋生手段。现在是知识爆炸时代，一个人曾经掌握的知识将很快落后于时代，这时便需要在工作中不断学习，做到与时俱进，不被社会所淘汰。基地需要培养学生学习的意识，养成学习的习惯。鼓励学生阅读新闻、报刊、书籍来了解时事和行业前沿动态。培养学生自我高效学习的能力，学会高效地收集整理分析资料。

五、全面提高人才就业情况

就业情况包括就业数量和就业质量两方面，其中就业数量可以用就业率来衡量，而就业质量衡量指标较多，包括专业对口率、薪酬水平、毕业生就业满意度、用人单位满意度、职业稳定性、社会保险待遇水平、职业适应度及胜任度、职业发展信心、职业发展空间等因素。

近年来，很多高等职业院校开始高度重视毕业生就业工作，坚持贯彻以就业为导向，以服务为宗旨，培养面向生产、管理、服务第一线技术技能人才的办学方针，有效调整毕业生就业策略，就业工作不断创新，使得许多院校的毕业生一次性就业率都在90%以上。但就业质量却不容乐观，主要表现在：①就业机会不均。当前高职生就业空间不断缩小，就业机会相对偏少。专科层次学生就业受歧视现象仍很明显，相近的能力，事业单位、企业会选择本科生。②就业不稳定。2013届高职院校毕业生毕业半年内的离职率高达43%，2012届为42%。而2013届、2012届本科院校毕业生毕业半年内的离职率均为24%。相比同期本科院校毕业生，高职毕业生的高离职率反映出其就业存在高度的不稳定性。③工作满意度低。工作满意度受到专业的对口性、工作的稳定性、劳资关系的和谐性、职业发展前景、福利和社会保障等因素的影响，报酬低、劳动强度高、同事关系紧张等原因使得毕业生对工作不满意。

基地毕业生就业情况是衡量基地人才培养质量的重要指标，基地一方面要积极提高毕业生就业率，另一方面必须在提高就业质量上下功夫，即在毕业生充分就业的基础上努力提高就业质量。基地可以采取以下方法：

（1）专业适应市场。高等职业院校的专业设置直接关系高职生就业机会。专业教育要紧密结合市场发展需求，特别是地方经济产业的发展需求。行业企业对专业人才的需求状况是高等职业院校专业结构调整的重要依据，依据人才市场的需求变化对专业结构进行优化是高等职业院校毕业生就业率和就业质量提升的保证。高等职业院校要根据地方经济和社会发展需要，围绕人才培养目标，深入开展研讨式专业剖析，明确专业建设目标与方向，及时调整专业方向，使专业结构日趋合理，目标岗位更好对应职业岗位。在专业课程设置中，与市场需求接轨的同时，应全面、科学地制定教学内容。在教学的各个环节，不断根据市场需求，加强专业能力、适应能力和求职能力的培养，缩小用人单位和毕业生之间的认知差距，提升高等职业院校毕业生就业层次与能力。

（2）进行职业规划教育。高等职业院校要加强对高职生职业生涯规划教育与就业指导。对学生进行系统的职业指导、职业教育和职业干预，使学生树立正确的职业情感和态度、职业价值观、职业忠诚度。同时，采取有效的措施和策略，帮助高职学生提高职业认知和职业能力水平，尽早对将来做好打算，为毕业后提升就业能力与就业质量夯实基础。

（3）建立就业服务体系。高等职业院校还要强化就业服务意识，树立以学生和用人单位为中心的理念，积极为高职生就业搭建完善的信息平台，要加强与企业联系并建立长期的合作关系。一是要积极开展就业工作研究，提高对就业形势的研判能力和指导能力。二是要加大资源投入，形成一个涵盖就业指导、毕业生推荐、就业信息发布、企业招聘服务、就业手续办理等的全方位就业服务体系。三是要密切与相关行业协会的合作关系，形成专业负责人联系行业协会制度，依托行业协会组织招聘会，拓宽毕业生就业渠道。

第四节　强化深耕实训基地实践性

一、树立明确教学目标

实现教学最优化的第一个办法或第一位工作，就是制定恰当的教学目标或教学任务。教学目标是师生从事一切教学活动的指针，是选择教学内容和教学方法的依据，也是衡量教学成败的标准。一般说来，教学目标包括以下几个方面：①使学生掌握系统的文化科学知识和基本技能；②培养学生良好的世界观和道德、审美、劳动等观念及相应的行为方式；③使学生的身心得到健康发展。因此，我们在教学中，就应根据这三个方面制定具体而明确的教学目标。只有教学目标明确了，才便于把握、操作、落实和检查。在大力提倡素质教育的今天，明确而有针对性的教学目标是提高教学效率的关键。

高等职业教育的培养目标是高素质技术技能人才，需要毕业生能尽快融入企业参加工作，因此实际操作能力是高职毕业生必不可少的能力。而实际操作能力需要学校通过实践性教学来培养．因此实践性教学是高等职业技术教育的重要环节，贯穿整个教学过程之中，突出实践性教学是高职教育的特色。实践能力的培养包括校内实验室教学和企业顶岗实习两个方面。

（1）实验室教学。首先，建立一支具有现代教育理念、教学能力强、熟悉生产领域、掌握过硬技术的高素质实践教学师资队伍。学校要注重"双师"素质教师的培养与引进。可以让教师到企业为员工进行专业培训或到企业实际操作，使他们更加了解社会需求以及如何培养学生的实际操作能力。同时，聘请企事业单位的专家、有工作经验的人员以及实践基地有丰富经验的技术骨干作为兼职实习、实训指导教师，组建一支以"专职为主、专兼结合"的实践教学师资队伍。加强实验室建设，通过学校投入和校企共建等方式，不断改善校内实验条件，大力整合现有资源，优化管理，扎扎实实地建设好各专业的实验室、实验工场、实训室、实训工厂等。此外，积极拓展实验室创建渠道，鼓励社会资源通过投资、参股等方式参与建设，共创产学研合作教育基地。同时，加强实验室、实训基地的科学管理，实现资源共享，允许并鼓励学生平时课后使用实验室，将实验室资源向社会、企业开放，提高资源的使用效率。重视校外实习、实训基地建设，按照互惠互利的原则，建立一批相对稳定的校外实习基地。

（2）校外顶岗实习。顶岗实习工作是学生步入社会前的一次职前锻炼，起承接作用，也是教育部对职业院校学生的基本要求，是一体化教学实施的载体，对促进学生就业有积极作用的同时，顶岗实习是一个非常好的培养学生职业基本素质的机会。实习前培训要安排就业形势分析、相关法律政策解读、创业与就业指导报告、实习纪律、安全教育、个人简历撰写、应聘礼仪、模拟招聘、企业用工要求等内容，让学生为实习做足准备。在学生顶岗实习期间，一定要加强学生职业基本素质的培养，学校要配备相关指导教师，及时对学生进行教育和引导。学生最初步入顶岗实习的岗位时会有很多不适应，感觉工作很辛苦，倒班的时间差调整不过来，企业管理严苛约束较多等。该时期指导教师一定要做好学生的思想疏导工作，使学生尽快适应企业的工作和生活。在顶岗实习中要加强安全教育，通过安全教育强化学生的责任意识、敬业意识和组织纪律观念。企业顶岗实习可以让学生熟悉就业工作流程、掌握求职面试技巧和企业工作流程，并在实习过程中树立正确的职业理想和"先就业、后择业，先生存、后发展"的就业观念，以充足的准备找到理想的用人企业。

二、大力提升教学条件

高等职业院校要培养适应行业企业需要的高素质技术技能人才，就必须建立满足培养学生综合职业能力所需的真实的或仿真的实践教学条件，尤其是校内的生产性环境能使学生在真实的职业环境中以准员工的身份参与生产过程，并在完成生产任务时完成学习内容，同时完成生产产品和学习两项任务。实践教学要深度融入行业要素、企业要素与职业要素，使学生在做中学、在学中练，为工学结合人才培养模式的实施提供保障。

（1）增加投入，充分整合校内实验实训资源，建立校内实验实训室。学校要根据各专业人才职业能力培养需要，按照核心课程职业能力项目实训要求，整合校内原有的实验室、实训室、多功能教室等现有资源，加大实验实训条件改造投入的力度，彻底改造和整合传统的实验室，添加必要的实训设备，并在原有实训基地的基础上增加生产性功能，满足学生生产性实训和综合职业能力培养的需要。

（2）与相关院校建立合作关系。校际合作可以使学校充分利用不同院校先进的设备、先进实训教学模式、优秀实训指导教师等优质资源。校校合作，不仅解决了学校实训场所建设上所存在的诸多问题，同时也增加了实训场所的使用率，使优质资源得以最大限度地发挥效益。虽然实训场所不为学校所有，却能被不同院校充分利用，因而实现了双赢的局面。

（3）依托行业，建立校企合作。通过联系满足要求且有实力、有长远发展眼光的企业，争取企业支持，引企业进校园，由校方提供厂房和配套设施，企业提供无偿或优惠的实训设备材料及生产技术，建立生产性实验室。学生以员工身份参与生产全过程，使学生在做中学、在学中练，全方位培养学生的职业能力、职业态度和综合素质。同时，可以安排教师到企业学习参观，增强教师对实际生产流程的了解；可以邀请企业有经验的技术人员作为兼职教师，为学生讲解、演示实际生产操作流程，以此来提升师资水平。除此之外，企业还可以提供顶岗实习的机会，学生参加顶岗实习的企业就是最真实的实训场所，在这里学生可以熟悉企业工作流程、企业规章制度、企业文化，为之后的就业打下坚实的基础。

（4）采用现代化的管理手段。变传统的管理模式，依托校内相关专业，开发出一套适合学校实训基地计算机网络化管理的软件。重点加强信息化基础设施建设、数字化信息资源开发和教育管理信息系统应用，大力开发数字化教学资源，推进现代化教学手段和方法改革。要建立完善的实验实训设备资产管理信息系统，实现设备资产管理信息的开放式、网络化。搭建校企互动信息化教学平台，加强校企联系，学校领导及实习主管部门要定期深入校外实训基息系统，重点跟踪督促各专业建设紧密联系的合作企业.建立管理档案，规范学生的校外实训活动，保证校外实训取得实效。

（5）提升师资力量。通过已经建立的校企合作，学校可以安排教师到企业生产车间学习参观，增强教师对实际生产流程的了解；到研发部门参观，可以使教师了解行业生产技术前沿。同时可以邀请企业有经验的技术人员作为兼职教师为学生讲解、演示实际生产操作流程，以此来提升师资水平。学校要充分利用上级教育部门的师资培训政策，选派专任教师去教育主管部门在企业建立的师资培训基地提高实践能力，选派兼职教师去学校师资培训基地提高教育教学能力。

三、全面优化"双师"结构

教师是育人的主体，只有不断强化基地教师职业素养，改革教学的师资结构，才能提高实践育人能力。

教师是高等职业院校实训基地的重要组成部分，高素质的教师是对高等职业教育实践性的有效诠释，能够高效地完成教学任务，科学合理地帮助学生获得职业技能，增强学生理论到实践的转换能力，从而具备较强的职业迁移能力。"双师"型教师结构在高技能人才的培养过程中的作用举足轻重，建设与培养实训基地的"双师"型教师队伍是实践教学的必要手段。通过聘请具有实际工作经验的企业教师，能够简化学生获得实践能力的过程，缩短学校学习与工作生产间的距离，学生具有更强的适应能力，提高用人单位的满意度。

高等职业院校为建设"双师"队伍应积极采取有效的措施，不以学历为唯一的判定标准，吸收聘用专业技术人员或经验丰富的专家、产业教授。此外，高等职业院校还可以派遣本校教师参加正规业务的学习和培训，提高教师自身的实践能力，有计划地建立一套科研、教育、生产和运作于一体的实训基地，开展校企合作教育。

（1）大力促进专职指导教师"走出去"

此项工作的完成需要政府和实训基地通力合作，任何一方都不能独立完成此项任务。政府应大力促进实训基地专职实训指导教师"走出去"，实现专职实训指导教师在地区层面的共享共用。政府应打破现有的实训基地人事壁垒，淡化实训教师"单位人"的属性，积极制定相关政策和法规，允许教师在基地完成既定实训任务后，结合自身实际情况，到其他实训基地承担兼职实训指导教师工作。为此，政府应设立兼职实训指导教师专项资金，并拨付给基地，由基地自行负责制订专职实训指导教师实训计划，筛选一批实践能力强的专职实训指导教师，由政府教育主管部门授予其"兼职实训指导教师"称号，并派遣这部分教师到其他实训基地承担兼职实训工作。基地应通过促进专职实训指导教师参加课题研究、下企业锻炼等方式加强其实践能力训练，使其能胜任不同实训基地不同类型的实训任务。

（2）积极开展兼职指导教师"引进来"

政府应合理放宽兼职教师的引入条件，不以学历、年龄、职称、工作年限等因素限制一批优秀的实践技能人才进入实训基地。基地应通过社会公开招聘的方式，聘请生产、管理、服务一线的企业专家、技术能手等担任实训基地兼职实训指导教师。基地应对应聘者进行严格的资格审查，审查内容包括实践操作水平和教学能力，并对审查通过的对象组织统一的培训和考核，考核合格者由实训基地颁发聘用证书，取得实训基地兼职实训指导教师准入资质。基地还应专门建立兼职教师管理部门，对兼职教师的教学安排、工作任务等做出相关部署，并协助解决兼职教师在工作中遇到的问题与困难。基地应特别建立兼职教师薪资待遇管理办法，对兼职教师的薪酬支付问题、课时计算问题、编制问题、职称评聘问题等做出明确说明，提高兼职教师的工资待遇水平，拓宽兼职教师的成长渠道。

（3）灵活建立实训基地共享实训师资库

实训基地应基于互联网的视角，整合基地专职实训指导教师和兼职实训指导教师的师资资源，共同建立组织灵活、弹性强的实训基地共享师资库。师资库不仅是教师的管理机构，也是师资资源的综合调度部门，专门负责实训教师的综合调度、档案管理、工资支付等。

首先，师资库的建设应建立弹性化的师资规模制度。根据不同阶段的实训需求，灵活弹性地把控实训教师的数量规模，避免因培训需求的多寡而产生实训师资紧缺或者浪费的问题。一旦某个实训项目急需实训教师，就立即启用师资聘用程序，从师资库中调取、聘用合适的教师，由聘用教师者支付教师课时费。

其次，师资库应成立专门的组织管理部门，该部门负责为师资库中的每一位教师建立电子业务档案，对教师实施动态信息化管理。师资库应制定并实施实训教师认证制度，能够进入师资库的教师都必须经过严格的认证，对师资库内已经认证过的教师实施动态信息化跟踪管理，努力提高师资库师资质量。

再次，师资库根据每位教师实际的工作量、绩效水平，经过科学计算后，核算出每位教师实际应得的报酬，并委托财务部门负责发放。

（4）对教师建立科学的考核考评机制，激发教师工作积极性

实训基地要建立兼职实训指导教师考核考评小组，制定实训基地教师考核考评管理办法，通过定期与不定期的听课、检查，对兼职教师在担任实训指导教师期间的教学质量进行考核，考核主要内容包括教学大纲及实训课时、课题，教学计划执行情况，备课备料情况，实训指导情况，作业（工件）批阅情况，学生评价情况等，对兼职教师的考核评定还应将考核结果定期反馈给兼职教师所在单位，由教师所在单位根据教师考核情况给予相关奖励或处罚。

基地还应采取优胜劣汰的人才留用机制，对教师队伍的质量实施动态化监督和评价，实施教师退出机制，对于不符合考核要求且屡次不改的教师，要及时予以解聘。基地还应设立专项基金，根据教师工作量支付其合理报酬，对于那些对基地运行和对外服务有突出贡献的兼职教师应给予特殊奖励，并搭建兼职教师成长渠道，满足一定考核要求的兼职教师可以升为特聘教授、兼职教授等，以提高兼职教师的工作积极性。

四、强调"双元"育人

学校和企业共同制订人才培养方案，及时将新技术、新工艺、新规范纳入教学标准和教学内容，强化学生理论联系实际的能力。

（1）充分发挥校外资源优势，实现学校与行业、产业对接，推行人才订单式培养。

实习基地的建立和使用，扩宽了学生视野，有效增强了学生实践动手能力，学校毕业生得到了社会的普遍好评，扩大了学校的美誉度和知名度。通过与企业合作，在企业建起学生宿舍，实现了课堂进企业，学生直接进入企业顶岗实习，和企业员工同吃同住，学生可以真正接触和感知企业，在培养学生的同时，为学生提供了更多的就业机会。同时，与企业签订协议，由企业定制专业课程，按照企业的需求定向培养人才，接受企业的培训，学生毕业后可进入企业工作。

（2）实践教学是人才培养的重要环节，学校应该积极探索大学生实践能力培养的新模式，学校可以结合学校学科专业特点，逐步建立起一批实习基地，为学生创新精神和实践能力培养奠定良好基础，为推进产学研一体化，提高教师学术水平和解决工程技术问题提供了广阔舞台。学校还可以积极与科研院所、研发中心和企业单位建立广泛联系，采取"走出去、引进来"的方式，联合各单位与科研机构建立起一批稳定的实习基地，实现与企业、专业的无缝对接。

（3）进一步完善人才培养模式，深化产学研协同、校企合作的创新创业人才培养模式改革，推进各类实习基地的建设。学校需要努力构建省内省外、学校与企业"产学研协同、校企合作"的立体式实践教学体系，为学生实践能力锻炼、创新创业能力培养搭建良好的实践平台，基本满足各类专业课程实习实训的需要。

通过实习基地建设，使大学生能够理论联系实际，激发他们的学习热情，增强了其学习动力。不仅提升了实际动手、团队合作、协调与交流、解决实际问题等综合运用知识能力，还促进了毕业生心理健康，学生在实践中创新、在创新中成才，从而大大拓宽了其就业渠道，增强了学生的就业竞争力。

（4）经过对学生实践能力的培养，我们不仅要做到提升学校面向企业、社会的服务能力，而且要借助企业资源使得毕业生上岗速度快、动手能力强，受到企业的普遍欢迎与社会的一致认可，从而有力地推动各高等职业院校的就业工作。学生通过实践活动为企业科技创新提供了强有力的支撑，为企业构筑人才高地，培养认同企业文化、具有企业主人翁责任感的人才队伍，为企业持续发展、开发和储备智力资源、增强竞争力创造良好条件。同时，学校可以和企业双方积极推进科学合作研究，结合教学实习，联合开展科研项目的合作申报与实施，实现"产学研"项目的有机结合，共享经济效益和社会效益的成果。

第五节　扎根服务区域地方经济

一、与地方经济发展相匹配

高等职业院校不仅是传播知识和技术的场所，理所当然，也是技术创新的载体。高等职业院校要结合自身优势，借助区域开放产教融合型实训基地的平台积极开展应用技术研究，提高技术研发成果的转化率和生产实践需求的吻合度。如充分基于基地资源与行业企业、科研院所共建项目库、共享项目源，联办科研机构或工程技术中心，与企业开展项目研发、科技攻关、咨询服务等；积极申报和承接与工艺技术和成果转化有关的应用项目和纵向、横向课题；实现项目产业化，建成高技术项目体系，为科技成果产业化提供服务；企业新产品试制、技术推广和产品推销；积极推进学生科技创新创业，以项目为载体提供相关技术支持，实现项目孵化。

增强社会服务能力是校企合作共建区域产教融合型实训基地的关键和重点，以区域产业发展需要为指引，适应产业结构优化升级和培育战略性新兴产业需求，确立服务重点，突出服务特色，强化服务优势，主动服务产业升级和企业技术创新。

（1）设立多元投入的区域技术创新基金和成果转化基金，探索开放、集成、高效的区域协同创新模式，全方位拓展与各种创新资源的合作研究、联合创新，并将协同创新成果转化为适应市场需求的技术和产品，推动企业不断提升核心竞争力。

（2）成立专业研究所，推进专业群与产业链、产业群的协同，承接国家、省、市级科技项目和横向课题，优化资源配置方式，营造有利于协同创新的文化环境，通过市场牵引和技术推动，推进各方优质资源的流动、汇聚、碰撞、融合，产生协同效应。

（3）建立区域专业技术协作组织，实施有组织的、长期性的、目标清晰的可持续战略协作，开展跨专业的多项目合作，利用实训平台提供的开放接口，进行应用研究与业务开发，为企业提供市场推广和经营策划的支持与服务，成为行业或区域应用研发中心和技术服务保障中心，促进技术创新与人才培养的有机结合，在工程实践和服务实践中培养创新团队和创新人才，为区域经济加快发展和优化结构提供有力支撑。

建设高质量的区域产教融合型实训基地，离不开政府主管部门的支持。政府可成立有针对性的调研小组,对当地区域主体经济和支柱产业进行调研,得出今后几年内区域对所需技术技能型人才的种类及数量,合理确定区域所需的紧缺人才,有效地指导高等职业院校对专业进行合理设置,保持区域产教融合型实训基地的可持续发展。同时,政府应加大对高等职业教育实训基地的资金扶持力度,改进资金投入方式,拓宽资金吸纳思路,多渠道地为区域产教融合型实训基地提供丰富的资金来源,还应加强投资保障机制的建立,建立以政府投入为主体,学校、企业与社会投入为辅的多方投资机制。

区域产教融合型实训基地建设的最终目的是对区域内的各种资源进行有计划的合理配置,实现资源利用率的最大化,这就需要相关主管部门在充分调研的基础上进行统筹规划、合理布局,建立真正意义上的区域产教融合型实训基地。

二、顺应地方调整专业设置

区域产教融合型实训基地建设的基本理念是一切以培养学生的职业岗位核心能力为中心。知识的掌握服务于能力的构建,以职业岗位工作任务为出发点来整合相应知识、技能和态度,形成综合能力模块,根据能力模块配置实训室,进而构建出区域产教融合型实训基地。顺应地方调整专业设置,就是从职业岗位出发,进行职业岗位核心能力分解,形成系列职业核心能力。根据学生所学专业与将来从事岗位性质,明确学生需要掌握哪一系列职业核心能力,在目标明确的前提下,学生进入相应实训室进行技能训练。实训室配置与实训基地建设,就是根据整合后的核心能力模块为学生提供高质量的实训条件,进入实训室的学生接受一系列技能模块训练后,正式进入校内顶岗实训室进行生产实习,并且提供反馈信息。

职业岗位核心能力具有可变性,需要动态配置区域产教融合型实训基地。在新兴技术产业领域,技术与市场处于快速变化之中。新知识、新技术、新方法与新设备的使用促使产品更新速度加快,这一变化对职业岗位核心能力提出了更高要求,需要不断适应新的市场需求。为了实现职业学校培养的技术技能型人才努力适应职业岗位的需求,学生技能训练内容、训练手段及训练设施等均应该处于动态变化中。因此要通过实训基地设备设施改进、实训项目开发等,建立一个与企业岗位需求动态对接的产教融合型实训基地。

实训基地建设的最终目标是培养学生的职业能力。学生职业能力是在职业活动中逐步形成和提高的，职业活动的环境、范围、方式、进行过程等，对形成职业能力有非常重要的作用。因此在实训基地建设过程中，如实训设备的配备与摆放、实训场景的布置等都要紧紧围绕职业活动这一根本问题。创设真实的职业情境，是实训基地建设中的职业教育理念。只有按照职业岗位的实际需求，进行实训设备的配置，才能有效地规划职业活动，才能为职业教育服务。

产教融合型实训基地的建设要采取两种模式。第一种，一体化实训场所建设模式，包括实训区、讨论区与教学区。实训区配备实训装备，学生在该区域完成工作任务；教学区配备桌椅和其他教学设备，指引学生学习专业知识，讲解工作任务等；讨论区让学生讨论完成工作任务时出现的问题，与同学老师交流找出解决问题的方案。第二种，在一体化实训场所之外建设生产性顶岗实训区，为学生提供完全真实的实训环境，使学生在走上就业岗位之前做好充分准备。通过一体化实训场所的实训后，经过考核，合格的学生可以进入生产性顶岗实训区进行顶岗锻炼，该车间对外开放营业，整个运作过程完全企业化，学生不仅锻炼技能，还能了解工作岗位的所有细节问题，利于学生职业岗位能力的形成。生产性实训场所的建设模式完全等同于企业的车间，学生在该基地进行实训时，需要完成产品加工与生产任务，为基地创造利润，完全实行企业运行模式。

教学、生产一体化运作，根据订单、教学计划和实训计划安排生产计划，生产过程中产学对接、工学结合，教师技师化、学生员工化，既完成生产，又进行项目导向、任务驱动、真实生产的情境实训教学和顶岗实习，严格执行工艺标准、质量标准和班组管理标准，实施工学过程控制，进行工序产品质量检验、入库验收，实施教学质量监控，确保教学质量和产品质量。

三、匹配地方职业素养要求

产教融合实训基地建设要准确把握经济发展方式转变对人才素质提出的新要求，进一步完善基地的人才培养体系。产教融合实训基地中大部分是高职学生，高等职业教育培养的人才应既有别于普通高等教育所培养的"学术型和工程型人才"，又有别于中职教育所培养的技术操作型人才。在实施过程中，应注意按照技术应用型人才来设计培养模式和教学模式。高等院校在办好学历教育的同时，也要加强高等职业教育的在岗位培训、继续教育和职业资格证书教育等，把学历教育与职业培训相结合，职前教育与职后教育并重；既要针对职业岗位（群），又要着眼于劳动者的整个职业生涯；形成多种办学模式和教学模式，以适应社会的多种需求。基地在人才培养过程中应针对产业需求确定专业群建设标准、针对工作任务的典型化需求训练适应多岗位的专业技能、针对校企合作过程中规模企业的订单需求开发课程，同时完善学历文凭加多种职业资格证书制度，注重提高人才培养的社会适应性；开展与中等职业教育以及本科教育的衔接，构建人才成长的通道。

在产教融合实训基地的建设中，政府机构为产教融合实训基地建立基地实训指导教师师资共享平台，在现代工业中心高等教育资源共享中将起到非常重要的作用。在基地内建立高等院校教师个人档案资料库并汇总形成区域高等教育师资共享信息资源平台，为基地高等教育师资资源共享创造良好的条件与平台，能够使基地内各高校的人事部门和教务部门及时准确地了解其他院校的师资情况，从而为择优选师、教师及时补缺等工作打好基础。同时，还应为区域高等教育师资教学建立合理、统一的考评机制。教师考核评价制度的完善有助于高校间教师资源共享的长期健康发展，实训基地内高等院校间应相互认可教师在其他院校的工作业绩，从而确保教师们在各个院校工作的质量和效果。

产教融合实训基地还应紧紧基于基地集聚发展、资源共享、优势互补的基础条件，坚持把开放共享贯穿于高等教育综合改革试点的全过程。基地应不断完善区域公共服务平台建设，通过建立学生生产性实训基地、创业教育基地、就业服务基地和大学创业苗圃，为基地高等教育资源开放共享夯实基础。基地还应继续挖掘高等教育资源开放共享的深度，在专业、课程、教材、师资、学分互认、公共服务等领域寻求新突破，建立共享新机制。产教融合实训基地应进一步拓展开放共享的广度，构筑大开放格局。在发展与使用过程中应注重进一步拓展优化基地高等教育资源共享的平台，通过生产实训、创新创业实践、校企联合学院等多种形式，构建政、产、学、研结合，校、企深度融合的新模式，进一步推动基地成为创业人才培养和国际化合作的有效载体。产教融合实训基地应对基地院校、科研机构以及高科技企业的"数字资源"进行有效整合，建立高速、安全、共享的城域网，建成一卡通支付系统、课程互选系统等；基地应扩大构建基于城域网共享的专业教学资源库、网络课程资源库、精品课程资源库、校企合作课程库、优秀学生作品库等高等教育资源库的种类与规模，以供基地合作高校共享。

四、满足优势职业能力需求

产教融合型实训基地建设的根本目标是实现"市场有需求，学校能满足"，因此，必须将市场用人需求纳入对实训基地的建设中，加强理论与实践的结合。

高等职业教育实训基地在定位时需要考虑高素质、高层次技术技能人才的市场需求和高等职业院校实训基地的培养模式，这些是实践教学体系建设的先决条件。坚持科学定位，有助于高等职业院校明确办学方向，快速了解社会用人需求，从而加速教学改革，培养高质量、高满意度的人才。高等职业教育的最终目标是培养适应生产建设一线的高素质技术技能人才，了解市场需求、把握市场发展趋势是制订培养计划的前提，将用人需求与实训基地的建设管理联系在一起，有利于学校和社会实现双赢。

高等职业教育与普通高等教育的主要区别在于所培养的学生理论联系实践的能力较强，通过科学合理的课程教学安排，及时引导学生进行实践锻炼，有利于学生巩固理论知识的同时获得职业技能。此外，仿真性的工作情境、前沿的技术理论以及实时的设备更新均有助于提高学生的学习效率。

合作育人是校企合作共建区域产教融合型实训基地的出发点和落脚点，也是企业和学校共同希望实现的培养毕业生高职业能力的一个重要途径。职业教育源于企业需求，同时也服务于企业需求，以学生的全面发展为目标，培育学生的社会责任感、实践能力和创新精神，通过整合实训资源，实现学校教学环境与企业现场环境对接、学校文化与企业文化对接，促进校企深度合作，系统培养区域产业发展需要的高素质技术技能人才。学校对于学生的培养要立足区域特色，突出合作育人、合作发展，建立和完善协调运行机制，促进育人过程中各个要素与生产过程中各个要素的深度对接，努力发挥其职能。为了更好地实现校企合作，打通专业人才培养产业链，进一步提升毕业生的职业能力与企业需求的对接，具体可以从以下几点入手：

（1）建立行业企业全面参与实训教学的工作机制，充分利用行业企业在产业发展方向的把握、技能标准的实施、实训设备和实践指导师资等方面的优势，使企业在专业实践教学中发挥更大作用，促进人才培养标准与行业标准相对接，培育学生发现、提出、分析、解决问题的能力，不断提高专业人才培养的针对性和适应性。

（2）为人才培养提供创新实践平台，在企业建立顶岗实习和专业教师实践基地，推动企业积极接受学生顶岗实习，探究顶岗实习与就业一体化的有效途径。学校在组织学生顶岗实习时，应严格按照专业对口的原则。如果学校仅仅将学生视为廉价劳动力，甚至以此作为激发企业提供岗位的动力，不仅与其制定的人才培养目标相背离，这样的"校企合作"也是不可能持续的。将顶岗实习转化为简单劳动，不但不能达到学校设计的目的，还会使学生对实习失去兴趣，从而影响其对本职业的正确认知。

（3）构建开放在线课程平台，挖掘网络学习空间应用模式，将空间学习与课堂教学有机衔接，开展职业技能鉴定、企业员工培训，满足企业员工继续学习、终身发展的要求。

（4）在校企之间搭建信息化平台，将企业的生产过程、工艺流程和工作现场等资源引入实训基地，基于企业主动提供真实的生产项目或经营案例，开发实训项目和仿真实训软件，以企业标准为依据，形成按项目、按模块的教学培训标准，校企共建共享实训资源。

（5）校企共建专业工作室和技术服务平台，形成基于企业专业技术人员与基地院校专业教师定期换岗交流的机制，促进技术知识在校企之间的流动和共同创造。

第六节　以开放性思维共享实训基地

一、校际共通共享

在建立多元产教融合实训基地的校间共享共通方面，要引导树立共享理念和行为，打破学校间的壁垒，避免各自为战的分散式建设与运行，实现资源共享与业务协同，在合作学校范围内做到资源共享、优势互补，进而全面提升合作双方的服务能力与办学质量。

在目前校际间合作建立的多元产教融合实训基地的共享程度还不够高的情况下，学校对送学生到外校实训会在教学成本、教学效果、学生反映等方面存在一些顾虑，为打消学校的顾虑，为校际间交流提供更好的平台，在此提出以下几点建议：

（1）采用协议方式，确保共享合作有据可依。在初期合作时，为确保共享工作顺利启动，学校间要本着相互理解、互利互惠的原则，进行坦诚协商。对双方关心的问题，要以协议形式明确双方的权利和义务，保证在教学组织、学生管理、考核鉴定、成本核算及其他双方达成共识的内容有效实施。

（2）坚持服务思想，确保共享工作长期进行。开展实训基地共享，要做到资源的合理配置，不能增加任何一方的负担。为此，合作双方不要过多考虑盈利问题，要坚持服务思想，避免增加学校的教学成本和学生的经济负担，方便合作学校的师生。

（3）根据学校距离的远近，分成不同合作班型，采用灵活的时间表。对于近距离的学校采取随时随地型合作，对于远距离的学校采取集中教学型。普通训练型以理解掌握专业基本技能为目标，将合作学校的训练要求与职业资格标准相结合。培训与考证结合型班以职业技能鉴定标准为教学依据，把培训和考证相结合，学生完成实训，组织开展技能鉴定，发放技能等级证书。

（4）建立真正的区域性实训共享还须提高认识，克服"大而全、小而全"的发展思路，克服封闭攀比思想，树立区域教育观和资源共享观，以积极的态度共同推进资源共享。突出自身具有特色的实训品牌建设，合理利用区域职业教育资源"不求所有、但求所用"，能够有效弥补自身资源不足问题。

（5）开展基地共享工作应以促进区域性教育资源利用、促进办学质量提高为出发点，以让我们的学生享受到最优质的教育服务为目的。基地提供方不应以营利为目的，应积极发挥教育资源功能，努力为合作伙伴提供最优质的服务。同时，需要双方以互信为基础、以诚信为准则，做到"资源共享、成本分摊"。

（6）实训基地共享工作的维系、发展，既需要学校之间建立协议，也迫切需要教育部门制定要求和管理制度，构建相应评价指标体系，构建共享信息交换平台，制定扶持激励政策，从本质上促成共享局面的形成。

（7）基地共享有助于实现合作多赢。通过共享平台，有助于打破校间界限，降低育人成本，促进学校相互交流、取长补短、共同提高。有利于教师之间切磋学习，统一技术技能人才培养质量标准，提升实训教学质量。有助于学生拓宽接触面，增加新鲜感，开阔视野，强化技能，为他们成为能工巧匠奠定坚实的基础。

二、校企共通共享

既为产教融合型实训基地，那么建设必将由多主本共同完成，在其建设过程中，应当设计形成互惠合作的新机制，提高企业和其他主体参与的积极性。

企业经营的直接目的是获取利润，与实训基地开展合作获得利益的程度决定企业合作的积极性。目前社会主体在高等职业院校建设管理过程中的参与度较低，合作互惠的新机制能够扩大双方的潜在利益，进而提高满意度。首先政府应从全局角度统筹区域实训基地的建设，颁布相关的法律政策同时提供相应资金支持，为高等职业教育营造健康的发展环境，还可以对某些企业实行税费减免政策，为企业员工提供免费培训等，以提高企业参与的积极性。

我们可以通过学校、企业、教师和学生之间的股权分配，实现资源的优化组合和共建共享，可有效提升实训基地所需资源的质量和数量，实现资金、技术、人才、厂房和设备等要素的优化配置，节约教育资源。通过校企合作、校间合作、师生合作等，集中各方优势，共建共享融教学、培训、职业技能鉴定、生产和技术研发为一体的综合实训基地，产生规模效应，实现优势互补，谋求多赢。

（1）资源共享

第一，信息资源共享。学校应根据市场和企业的人力资源需求变化，及时更新教学大纲和教学内容，保证实训基地的教学效果；以政府公布的就业统计数据为参考，以合作企业的实际需求为基础，优化专业设置，提前介入专业培养。在保证教学质量的前提下，按周期调整招生专业和招生规模，更新实训内容。在强化"订单式""学徒制"人才培养的基础上，建立人才需求信息传导机制和职场预备役班级，拓宽学生就业渠道。

第二，人才资源共享。无论是企业还是职业院校，都拥有丰富的管理和技术人才，教师和学生则为实训基地具体业务的开展提供了丰富的劳动力支持。实训基地的决策层、管理层、业务层应充分发挥各方的人力资本优势，并在结合自身业务的前提下，以绩效考核结果为依据，对人力资本进行开发。企业工程技术人员作为兼职教师指导或参与指导学生，教师也可以成为企业的兼职工程技术人员。此外，实训基地领导层的选拔不应局限于学校内部，还应吸引外来优秀管理人才，保证外来高管不低于一个合理比例。避免高管交叉任职，权力集中在少部分人手中。

第三，权力资源共享。现代公司治理模式使教师和学生成了实训基地的股东，与企业和学校共同参与基地决策，增强了教师和学生的积极性。市场化的企业运作机制将劳动者升级为股东，最大限度地激发和调动教师和学生的生产积极性、集体意识和创造性。

（2）功能共享

加强校企合作共建实训基地的共享功能建设，可以最大限度地提升实训基地的实用价值。将职业院校和企业的资源进行充分整合，为企业提供相关的职业技能培训，将学校教学与企业培训相结合，并吸收企业成熟的生产工艺，将生产、教学、实训、服务融入教学过程中，为企业提供所需人才。企业专业技术人才也可受聘于学校，参与学校教学。加强实训基地之间的合作，建立实训基地交换生项目，共享先进教学资源。还可整合技能培训和职业资格鉴定职能，彼此之间提供技术支持、服务支持等。

基于实训基地及企业资源，实现高等职业院校与行业企业合一、实训与生产同步、育人与创收共赢的"三位同体"的基地运行模式。学校与企业不是两个并列机构，是体现双重功能的一个实体，两者所有的行为均是同步进行的，其结果是学生学到了技能，企业也能够获得利润。

三、基地全面开放

开放产教融合型实训基地是以职业院校为基础，政府发挥统筹协调功能，结合产业结构调整，整合学校和企业的资源，集中资金投入建设的实训基地。

开放产教融合型实训基地面向职业教育、劳动力培训、企业技术改造和技术创新，最大限度地实现了资源共享，使之成为技能型紧缺人才的培养培训基地、农村劳动力转移培训的桥梁、社区教育和服务的窗口、校企合作的载体、产学结合的平台。

实训基地的全面开放可以实现资金的有效利用；可以实现由学习型实训转向生产型实训的转变；有利于职业院校与大中型企业的合作；可以实现资源优化配置，避免重复建设与资源浪费；可以实现资源共享；可以加速服务区域产业转型升级。产教融合型实训基地的建成，可进一步提升职业院校的人才培养质量，为周边企业提供人才、技术保障，更好地为社会经济发展服务，为产业转型升级提供人力资源保障。

我们建立的产教融合型实训基地不仅要与诸多企业建立合作关系，还要设立专门的服务部门和高效的服务团队，以进一步跟进服务和交流，从而避免项目的虎头蛇尾，例如在实训师资培训、实训项目开发、重要课题的协作等方面，要做到学校与企业、培训机构等紧密联系，要真正体现"对内实行企业化管理，对外实行准市场化运作"的共享机制的特色。对实训基地全面开放的具体建议如下：

（1）科学规划，准确定位。产教融合型实训基地为学生理论与实践的结合提供训练的场地，目的是让学生自己动手进行专业设计和实际操作，尽快熟悉并掌握本专业的主要设备仪器及专用工具，同时对本专业的生产工艺流程、基本技能要领、专业技术技能熟知。因此，产教融合型实训基地建设要科学规划，准确定位。

（2）合理配置，确保先进。产教融合型实训基地建设在一定程度上代表了行业发展的先进水平，它的起点要高，所使用的装备不应该低于企业的现实水平。产教融合型实训基地建设既是对应企业中新产品、新技术的研发基地，又是成熟技术的应用基地。教师及学生应该充分利用好产教融合型实训基地的设备条件和自身的智力资源，不断研究新技术、开发新产品，积极开展技术改造和科技开发等活动。

（3）校企结合，资源共享。产教融合型实训基地要根据当前职业院校、企业需要或专业技术领域对知识和能力的要求，制定相应的培训大纲和课程设置培训项目。除面向职业学校学生实施岗前的职业培训外，也可面向社会开展职业培训，甚至可以为一些企业的职工进行技能培训、待岗培训、转岗培训等各类技术教学，实现资源共享。

学校需要努力做到在实训基地有企业项目和研发项目，每位实训教师都承接有企业项目，组成项目组，带领学生团队去完成。学校实训基地可以将学生实训、实习与承担企业项目融为一体，形成产业，不仅解决了资金问题，还可以赢得学校声誉，而且使教师和学生能将所学到的知识和技能应用在跨学科、多元化的综合科技开发和创新上，形成了校企互惠互利、共同提高、共同发展的良性循环。

综上所述，产教融合型实训基地建设，要充分发挥政府的统筹协调作用，促进校企深度合作。引导和鼓励职业院校以专业对接产业为纽带，与行业、企业和区域经济建设紧密联系，创新多元化职业教育发展模式，实现资源共享和优势互补，形成教学链、产业链、利益链的融合体，建立校企合作双赢机制，以合作办学促发展，以合作育人促进就业，实现不同区域、不同层次职业教育协调发展。

第六章 高校产教融合的实践经验

第一节 广东高校产教融合实践经验

一、广东省高等职业院校产教融合发展的基本概况

截至 2015 年年底，广东省共有高等职业院校 79 所。其中，珠三角地区 68 所，占广东省高等职业院校总数的 86%。粤北山区（包括韶关、清远、河源、梅州、云浮）共 4 所、东翼（包括汕头、汕尾、潮州、揭阳）共 4 所、西翼（包括阳江、茂名、湛江）共 3 所。截至 2014 年年底，广东省高等职业院校在校生共计 79.6 万人，占普通高等教育的半壁江山。此外，高职教育的发展使广东省高等教育毛入学率由 2000 年的 11.35% 提高到 2014 年的 32%。

2015 年，参与到广东省高等职业院校产教融合的主要合作企业有 15763 家，按 2015 年广东省共有 79 所高等职业院校计算，平均每所高等职业院校约有 200 家合作企业，以每所高等职业院校平均开设 50 个专业为参考，平均每个专业约有 4 家合作企业。与 2014 年相比，企业总数增加了 2617 家，增长幅度约为 20%，增速较快；平均每所高等职业院校增加了近 34 家合作企业（2014 年，广东省高等职业院校为 79 所），增长幅度为 20.4%；平均每个专业增加了 0.7 家合作企业，增长幅度为 21%。可见，2014 年至 2015 年，虽然参与广东省高等职业院校产教融合的企业数量仍不够，尤其是平均到各个专业时合作企业的数量不高，但是，从企业参与高等职业高校产教融合的总量增长速度分析，增长速度较快，企业积极性有所提高，企业参与广东省高职教育产教融合的前景较乐观。2015 年，企业参与广东省高等职业院校产教融合的内容广泛，包括参与学科发展、课程建设、师资队伍建设、校内外就业前实践的专门基地建设、学生实习指导、技

术研发以及岗位实操等。其中，参与比例最高的是校内外就业前实践的专门基地的建设以及师资队伍的建设，超过 60% 的合作企业都参与了这两项产教融合内容的建设工作。在这些产教融合合作内容中，参与比例最低的是技术研发工作，仅有 20% 多的合作企业与高等职业院校合作开展了技术研发工作。造成校企技术研发工作合作比例低的主要原因：一方面，技术研发工作自身性质的问题，包括技术含量高、成本高、成效慢，难以在短时间内看到成果；另一方面，产教融合合作制度保障不完善、未形成有效促进技术研发积极性的措施、难以解决技术研发成果归属问题等。

2015 年，企业参与产教融合主导作用的程度可从参与学科发展、课程建设、校内就业前实践的专门基地建设、校外就业前实践的专门基地建设、师资队伍建设以及参与岗位实操指导等方面体现。

首先，在专业和课程建设上仍以高等职业院校为主。在学科发展中，由学校主导的超过 50%，校企共同决策的约占 40%，仅有不到 10% 由企业主导；在课程建设中，超过 50% 的企业偶尔参与到课程建设中，约 40% 的企业常态化参与课程建设，仅有不到 10% 的企业主导课程建设。

其次，在校内外就业前实践的专门基地建设中，60% 以上由高等职业院校自建或企业挂牌的形式构建；引企入校、企业专门建立面向社会构建校内、校外实习基地的比例不足 20%。

最后，在师资队伍建设以及参与岗位实操指导方面，企业人员来校兼课的形式占60% 以上，成为企业人员参与共建师资队伍建设的主要形式。

企业指导高等职业院校学生实习实践的主要形式仅为提供师傅进行管理和指导，未出台具体明确的实习实践指导规范或准则，企业参与高等职业院校产教融合合作的主导程度有待提高。

2015 年，企业参与广东省高等职业院校产教融合共合作开发课程 2920 个，平均每所高等职业院校与企业合作开发课程 37 个，平均每个专业约与企业合作开发课程 0.74 个。与 2014 年相比，合作开发课程总数增加了 183 个，增长幅度约为 6.7%；平均每所高等职业院校增加了 2 个合作开发课程，增长幅度为 5.7%；平均每个专业增加了 0.05 个合作开发课程，增长幅度为 7.2%，合作开发课程总数不大，增长幅度较小。2015 年，企业参与广东省高等职业院校产教融合共合作开发教材 1689 本，平均每所高等职业院校与企业合作开发教材 21.4 本，平均每个专业约与企业合作开发教材 0.43 本。与 2014 年相比，合作开发教材总数增加了 101 个，增长幅度约为 6.4%；平均每所高等职业院校增加了 1.3 本合作开发教材，增长幅度为 6.5%；平均每个专业增加了 0.03 本合作开发教材，增长幅度为 7.5%。总体而言，合作开发教材总数不一，增长幅度较小。2015 年，企业人员到广东省高等职业院校兼任教师总数为 9223 人，平均每所高等职业院校有 116.7 个兼职教师，平均每个专业约有 2.33 个兼职教师。与 2014 年相比，兼任教师总数增加了 131 个，增长幅度约为 1.4%；平均每所高等职业院校增加了 1.6 个兼职教师，增长幅度为 1.4%；平均每个专业增加了 0.03 个兼职教师，增长幅度为 L3%。总而言之，企业人员到校兼任教师总量不大、增幅较小。此外，不同企业与不同高等职业院校、不同专业进行合作，其兼职教师的主要工作内容及工作形式等差异大。以两个企业分别与两所高等职业院校的合作为例，一是中兴通讯股份有限公司（以下简称"中兴"）与广东岭南职业技术学院（以下简称"岭南职院"）的合作，2010—2015 年中兴与岭南职院合作共建了中兴通信工程学院。其间，中兴通信工程学院共有专职教师 37 名，其中，由中兴派出专职教师 24 名，企业教师占教师总数的比例为 64.9%。在 2014—2015 年学年，计划总学时为 13278 个，其中，24 名企业教师承担 31 门课程的教学工作，共计 9029 个课时，占专职教师总课时的 67.9%。此外，企业技术人员开展的培训、讲座共 2 场，参与学生 710 人。二是中国联合网络通信集团有限公司（以下简称"中国联通"）与深圳信息职业技术学院（以下简称"深圳信息职院"）的合作。中国联通到深圳信息职院任兼职教师的人员较少，截至 2015 年年底，仅有 5 名企业人员在深圳信息职院兼职教授专业技能和实践教学课程，多以专题讲座、岗位技能培训和现场讲练等方式指导学生。目前，已累计举办职业认知讲座 6 场、技术和创业讲座 32 场，培训人数达到 370 名学生，提供各类技术咨询与服务（含课程支持、俱乐部技术支持等）100 小时以上，现场培训 I200 小时以上等。简言之，企业人员到校兼任教师少、相关培训多，且企业人员到校企共建学院兼职教师的比例比到高等职业院校内兼职课程教学的比例高。2015 年，企业接收广东省高等职业院校订单培养学生总数 22786 人，平均每所高等职业院校订单培养学生 288 人，平均每个专业订单培养学生 5.8 人。与 2014 年相比，企业接受订单培养学生总数增加 1434 人，增长幅度约为 6.7%；平均每所高等职业院校增加订单培养学生 18 人，增长幅度为 6.7%；平均每个专业增加订单培养学生 0.4 人，增长幅度为 7.4%。总体而言，2014—2015 年，企业接收订单培养学生数占全日制在校生比例约为 4%，比例偏低且增长幅度较小。2015 年，企业共计接收岗位实操学生 114318 人，平均每所高等职业院校参与岗位实操的学生共计 1447 人，平均每个专业岗位实操学生 29 人。与 2014 年相比，企业接受岗位实操学生总数增加 13610 人，增长幅度约为 13.5%；平均每所学校增加岗位实操学生 172 人，增长幅度为 13.5%；平均每个专业增加岗位实操学生 4 人，增长幅度为 16.0%。总言之，企业接收岗位实操学生增长速度较快，但实习学生比例不高。2015 年在合作企业岗位实操的学生占全部应顶岗人数的 52.3%，平均每个基地接纳 7.3 人；2014 年在合作企业参与岗位实操的学生占全部应顶岗人数的 53.6%，平均每个基地接纳 6.9 人，2014—2015 年均有近 50% 的学生未在产教融合合作企业实习。2015 年，产教融合合作企业接收广东省高等职业院校毕业生 42377 人，平均每所高等职业院校被合作企业接收毕业生 536 人，平均每个专业被合作企业接收毕业生 10.7 人。与 2014 年相比，企业接受毕业生总量增加 5354 人，增幅约为 14.5%；平均每所高等职业院校被合作企业接收毕业生人数增加 67 人，增长幅度为 14.3%；平均每个专业被合作企业接收毕业生人数增加 1.3 人，增长幅度为 13.8%。总体而言，产教融合合作企业录取毕业生人数比例低，且增长幅度较小。2015 年，产教融合企业接收毕业生人数占全体应届毕业生人数的 19.7%，平均每个基地接纳 2.7 人；2014 年，产教融合合作企业接收毕业生人数占全部应届毕业生人数的 19.8%，平均每个基地接纳 2.5 人。2015 年，共有 10370 家企业对实习学生发放了补贴，占参与广东省高职教育产教融合合作企业的 66%。与 2014 年相比，对实习学生发放了补贴的企业增加了 723 家，占比相同，仍有 34% 的合作企业对实习学生实行零报酬。此外，不同企业与不同高等职业院校、不同专业合作发放的补贴金额及名目不尽相同。以广州金霸建材有限公司与河源职业技术学院的合作、中荣印刷集团有限公司与中山火炬职业技术学院的合作为例进行分析可知，企业对实习学生补贴项目名称、金额、发放时间等差异大。尽管如此，由于产教融合发展还不完善，对实习学生补贴情况缺乏，也还难以形成明确的规定或相关条例，各企业、院校、专业间合作差异大、灵活性和变化性大。2015 年，参与广东省高职教育产教融合的企业捐赠设备总值 6529.956 万，平均每所高等职业院校获赠设备值 82.65 万元，平均每个专业获赠设备值 1.65 万元。与 2014 年相比，企业捐赠设备总值增加了 920.171 万元，平均每所高等职业院校获赠设备值增加 12.65 万元，平均每个专业获赠设备值增加 0.23 万元。总体而言，企业捐赠设备总值增长幅度不大，增速较慢。但参与捐赠设备的行业企业数量有所上升，捐赠设备总值有所提高，企业参与广东省高职教育产教融合的积极性有所提高。

此外，不同企业对不同高等职业院校、不同专业合作捐赠的设备及金额投资名目不尽相同。以广州大业工业设计有限公司与广东科学技术职业学院合作共建校外教学企业广东产品设计创新工业设计园、中国联合网络通信有限公司与深圳信息职业技术学院合作 2 年捐赠设备和资金投入情况为例进行分析可知，通常，企业在与高等职业院校共建"教学企业"的过程中捐赠较多的设备、投入较多的资金，提供较大的教学场地等，投入高等职业院校内的资源较少。此外，不同企业对高等职业院校或合作共建教学企业的投资大小、形式、时间等差异大。尽管如此，由于各企业、高等职业院校、院系等多主体的利益存在着相关性和复杂性，以及产教融合发展的不完善，难以形成统一、明确的规定或相关条例，各企业的可操作性和灵活性较大。协同创新中心和协同育人基地的建设是广东省高职教育产教融合运行过程中的重要构建内容。协同创新平台的构建有利于实现政府、学校、企业多方资源的共享，有利于提高科技成果转变为生产力的转化率，有利于将产业需求快速转化为教育教学的资源，有利于提高高等职业院校人才培养产教融合的水平和科技研发能力。2015 年，广东省高职教育产教融合过程中，构建了形式多样、功能相对齐全的协同创新中心和协同育人基地。

二、广东省高职教育产教融合制度保障分析

在产教关系中，"产"通常指"产业"，包括第一、二、三产业；"教"通常指"教育"，在高职教育产教融合中，"教"通常只指"高职教育"。将"产"与"教"两个分属不同部门和组织的事物联系在一起，形成产教关系是由于随着产业的发展，教育需要与产业、劳动力生产相结合。具体而言、一方面，随着现代化产业的发展以及广东省面临的产业转型升级，产业发展面临着诸多技术难题，迫切需要具备更高技术技能的人才，以促进产业的发展；另一方面，高职教育需要确保其所培养的人才与劳动力市场需求相匹配，确保学生毕业后能较好地就业，有较好的发展前景。为此，"产"与"教"均有了解彼此需求和发展目标的需要，两者的密切联系有利于实现两者的共同发展。由于高职教育产教融合中"产"与"教"涉及两个相对独立的部门和组织，"产"与"教"的融合不会产生一个新的部门或组织。正是基于此，如何定位"产"与"教"的关系影响着高职教育产教融合能否开展、开展程度的层次以及开展时间的长短。

在广东省高职教育产教融合中，"产"即行业企业合作的目的在于通过与高职教育

的合作，解决技术难题，引导技术创新，满足技术技能型人才需求，实现经济效益最大化。在高职教育产教融合中"教"合作的目标和出发点则在于通过与行业企业的合作，解决学生就业前实践及就业问题，更新高等职业院校教学实训设备，了解劳动力市场对人才类型的需求情况，确保学校教育教学与社会发展需求相匹配，实现高等职业院校育人价值和学校的长远发展。可见，"产"与"教"均有各自的合作目标，其关系不能模糊地定位于实现产业发展或高等职业院校发展中某一单一目标，需要兼顾两者的共同利益和发展需求。产教关系可根据不同的分类方式分为不同类型，本研究中高职教育产教融合按产权关系、实施场所、管理制度和模式、功能角度进行分类。首先，按产权关系划分，分为校企联合型、校企合一型、产校合一型、混合型和集团化型。其中，校企联合型是指高等职业院校与行业企业在产权关系上仍保持相对独立性；校企合一型由高等职业院校自身办学，产权归学校所有；产校合一型由企业自身办学，产权归企业所有；混合型由多方主体共同投资建设，产权分散；集团化型由具有独立法人资格的高等职业院校、行业企业、职业培训机构等相关单位间以合同或共同出资等形式组成。其次，按实施场所划分，可分为校内结合型、校外结合型和社会实践结合型三类。再次，按管理制度和模式划分，可分为产教合一型、产教分离型以及专业产业一体化型。最后，按功能角度划分，可分为技能培养型、项目开拓型和创业型。

当前，在广东省高职教育产教融合发展过程中，产教关系难以简单地按某一单一类型去划分，应结合产权关系、实施场所、管理制度和模式、功能角度四种分类方式进行分析。以中山职业技术学院的专业镇产业学院运行模式为例，按产权关系划分，其属于混合型，由专业镇政府、行业企业、中山职院、行业协会等多方利益主体共同投资建设，产权分散；按实施场所划分，属于校外结合型；按管理制度和模式划分，其属于产教分离型；按功能角度划分，其兼具技能培养、项目开拓和高校的大学生"双创"教育功能，并以技能培养为主要目的，可简单划分为技能培养型。

三、产教融合制度保障典型个案分析

在广东省高职教育产教融合过程中形成了形式多样、类型丰富的产教融合运行模式。研究以中山职业技术学院的专业镇产业学院为典型个案，从办学主体、教学模式、资源投入三方面对其产教融合制度保障进行分析。截至 2014 年年底，中山市共有 18 个专业镇、27 个国家级产业基地，专业镇经济占中山市地区生产总值的 72%，占税收总额的 65%，专业镇在中山市国民经济发展中起着举足轻重的作用。然而，在中山市专业镇产业发展中仍存在诸多问题，表现为产业链不完善、自主品牌建设水平不高、产品研发与设计能力不强以及技术技能型人才不足等问题。面对这一现状及中山市经济与产业的发展需求，同时，为实现中山市高职教育与产业的相互发展和共同进步，中山职业技术学院（以下简称"中山职院"）在中山市专业镇创办了"产业学院"，以"一镇一品一专业"的形式，实现了高等职业院校专业设置与地区产业的对接，实现了产业的转型升级及品牌、人才、社区的全面提升。当前，中山职院创办了四个专业镇产业学院（即南区电梯学院、古镇灯饰学院、沙溪纺织服装学院和小榄学院），建立起辐射 24 个镇区的产教融合合作基地，形成了独具特色的专业镇产业学院产教融合制度保障。

中山职院创办的四个产业学院的办学主体不尽相同，但均与"镇校行企"中某一个或某几个办学主体相关。南区电梯学院以专业镇政府与商业协会为主导，以中山职院为辅助；古镇灯饰学院以专业镇政府为主导，以中山职院为辅助；沙溪纺织服装学院以中山职院为主导，以专业镇政府与商业协会为辅助；小榄学院以专业镇政府与商业协会为主导，以中山职院为辅助。以古镇灯饰学院为例，2013 年 5 月，中山职院与古镇镇政府正式联合筹建"古镇灯饰专业镇产业学院"（简称"古镇灯饰学院"），古镇镇政府投入 2200 多万元，对学院的基础办公设施等进行购置和改造。在此基础上，古镇镇政府继续有效介入，通过联合中山市人力资源和社会保障局古镇分局及多家行业组织、企业等共同组建了"古镇灯饰产业协同创新中心公共服务平台"。截至目前，古镇灯饰学院已成立"古镇灯饰学院董事会"，与 30 多家企业签订了合作协议，4 家企业入驻了古镇灯饰学院筹建校中厂，3 家企业联合成立了灯饰设计工作室。仅 2015 年下半年，古镇灯饰学院校企合作完成企业项目 187 项，技术转化 25 项，申请专利 165 项。尽管办学主体多样，利益主体间利益诉求不尽相同，但当前古镇灯饰学院产教融合处于"镇、校、行、企"的良性合作运行中。其中，中山职院负责古镇灯饰学院人才培养基地的建设，管理协调各协同单位的工作及中心日常事务的处理；中山市人力资源和社会保障局古镇分局代表 6 镇镇政府参与古镇灯饰学院的日常管理与平台基础设施的建设工作，协调各方资源参与灯饰学院的建设；古镇灯饰学院董事会则负责企业资源的协调合作、灯饰学院的运行管理等。在人才培养方面，实行中山职院、专业镇产业学院、行业企业联合培养。

通过充分发挥各办学主体的优势,联合企业生产性教学资源与学校教学性生产资源,建立专业镇产业学院人才共育机制。一方面,建立多方主体共管的教学管理机制。实行中山职院、行业企业等多方利益主体协同参与制定的教学内容、方法、评估体制、管理制度和模式及实施细则,以及学生校内外就业前实践管理办法等,共同监督监管和评价教学产教融合的水平,共同协商调整和创新教学管理内容和机制。另一方面,建立中山职院、行业企业、商业协会共同参与的学生管理机制。专业镇产业学院实行以中山职院为主、行业企业为辅的学生管理制度,共同制定学籍管理办法、制定学分管理办法,出台奖助学金实施细则、出台学生社会实践活动实施细则等。在实习就业方面,实行中山职院、产业学院、行业企业实习就业共担。高等职业院校学生实习和就业状况影响着高等职业院校的整体发展,如何科学合理地解决高等职业院校学生岗位实操和就业问题成为专业镇产业学院产教融合中政府、中山职院、行业企业、商业协会合作的重要内容。实习就业共担机制的构建需要高等职业院校与行业企业共同出力,合理安排学生实习和预就业的企业、岗位以及工作内容等,确保学生所学知识与实习就业工作内容相关,做到学有所用、做有所得。为确保政府、中山职院、行业企业、商业协会等多方主体参与的实习就业共担机制的有效运行,需要共同协商制定高等职业院校学生实习、管理与考核办法,制定学生实习工伤处理与保险赔偿办法,制定就业前实践指导教师职责考核办法,制定毕业生就业情况及就业产教融合的水平跟踪调查制度等。以古镇灯饰学院为例,从灯饰学院专任教师来源及校内实训室建设情况分析其"校、行、企"人才共育教学模式现状。古镇灯饰学院现有专任教师 16 名,外聘兼职教师 10 名。专任教师中教授 2 人、副高职称 3 人、讲师 3 人、工艺美术师 3 人。10 名兼职教师均来自企业。此外,灯饰学院积极开展"校行企"人才共育的教学模式改革,目前已建起多类型工作室 6 个。已建的校内实训室主要包括灯具模型制作室、灯具焊接室、灯具加工室、灯具装配室、灯具五金制造加工室、灯具喷涂室、灯饰产品展览中心等,设备先进,总价值高达 700 多万元。专业镇产业学院由专业镇政府、中山职院、行业企业共同投资举办,投资比例、投资方式等四个产业学院不尽相同。产业学院资源由多方主体共同投资和共享,需要建立产教融合资源共享机制和信息互动机制。在高等职业院校方面,共享内容包括学校图书馆、就业前实践室、教育教学资源等各类硬件设施;电子图书馆、网络课程资源库等各类软件设施;甚至是体育馆、饭堂、宿舍、小卖部等各类生活所需场所。在行业企业方面,共享内容包括设计室、实操室、机器设备、车间、生产线等各类硬件设施以及提供行业发展信息、企业技术创新信息、人才供需信息等。资源共享机制的构建既可以提高"镇校行企"四方资源的利用率、产生良好的经济和社会效益，又可增进四方的沟通交流。促进四方的共同发展。在高职教育产教融合运行中不仅需要充分考虑高等职业院校的发展需求，也要考虑产业的技术创新和转型升级的发展需要。专业镇产业学院模式充分考虑到产业的发展需求，通过整合高等职业院校、科研院所、职业培训机构以及行业企业的技术资源，提升技术创新能力，助推高职教育科研创新的同时，助推专业镇产业的技术创新和转型升级。为保证专业镇政府、中山职院、行业企业以及商业协会协同创新机制的有效运行，需要建立协同创新活动、项目及资金等管理办法，建立协同创新奖励办法及成果鉴定标准，明确协同创新成果（包括产品或专利）的归属权问题。以古镇灯饰学院为例，自 2013 年 5 月正式联合筹建古镇灯饰学院至今，古镇镇政府共计约投入 2200 万元、中山职院共计约投入 604 万元、行业企业共计约投入 170 万元对学院的基础办公设施等进行购置和改造，共计投资建筑面积 11800 平方米，投资金额 2970 万元。

四、产教融合制度保障取得成效分析

高职教育产教融合的开展取得了一定的成效，对广东省高职教育的发展、产业的发展均起到了一定助推价值。其成效可归纳为以下方面。

（一）变革了高等职业院校办学模式

首先，办学规模的扩大。高职教育产教融合的开展，通常会在高等职业院校内、企业内或产业园区内建立合作机构或部门，高等职业院校正是基于此拥有更多校内或校外就业前实践的专门基地，扩大了高等职业院校办学范围。以中山职院为例，专业镇产业学院的开展，使得中山职院的办学规模不断扩大。中山职院现已新增校舍近 6 万平方米、引进 20 多家企业进驻学校。

其次，办学体制的创新。高职教育产教融合的开展，使得办学主体由原有高等职业院校这一单一主体变为由地方政府、行业企业、高等职业院校、行业协会等多方主体协同投资共建，多元主体间逐渐探索和发展股份制和混合所有制。以中山职院为例，目前，中山职院已与 200 余家企业深度合作，组建 8 个市级应用技术研究所，选派 80 多名教师作为省、市级科技特派员，服务地方经济与社会发展。实现了办学体制的转变，提高了中山职院的办学灵活性和实用性。

最后，管理机制的形成。高职教育产教融合的有效运行离不开管理制度和模式机制的构建和创新。以中山职院专业镇产业学院为例，产业学院现已构建董事会领导下的院长负责制管理制度和模式，形成了助推产业学院有效运行的管理架构，并在不断探索构建产教融合的长效制度保障。

（二）提高了高职教育教学产教融合的水平

高职教育产教融合的运行有效缓解了高等职业院校企业兼职教师聘请难、学生实习实践难、教师技术提升难等问题。以中山职院为例，根据麦可思公司制作的年度数据表明，2013 年，广东省内用人单位最满意的高等职业院校排名中，中山职院排名第二位；广东省高等职业院校内对母校总体满意度排名中，中山职院排名第四位；广东省内高等职业院校毕业生就业现状满意度排名中，中山职院排名第七位；在毕业生就业稳定度排名中，中山职院排名第八位，四项主要指标均位列全省前列。可见，中山职院在人才培养方面取得了突出成效，其中，专业镇产业学院模式发挥着重要作用。具体而言，产教融合的运行对提高高职教育教学产教融合的水平所起的作用可归纳为以下几个方面：

第一，技术技能的提升。借助于高职教育产教融合合作平台，高等职业院校对行业企业有更大的吸引力，能引入更多的工作项目。在参与真实的工作项目中，教师与学生能得到更为真实和专业的训练，技术技能能得到全面的提升。同时，高等职业院校教学能与时俱进，了解行业企业的发展现状，准确定位自身发展的目标和方向，及时调整教育教学内容和方法，提高教育教学产教融合的水平。

第二，实习产教融合的水平的提升。高职教育产教融合的发展为高等职业院校实习生提供了更多可供选择的就业前实践单位、更多实力强大的合作企业、更多拥有前沿科技的就业前实践平台等，有效提升了高等职业院校学生实习产教融合的水平。以中山职院为例，将产业办在专业镇产业学院园区内，确保了学生既生活在学校内，又能感受浓厚的产业氛围，有利于学生形成对产业的初步认识。在专业镇产业学院实习，较大程度地保证了学生所学专业与实习岗位内容的相关性。2014 年，中山职院产业学院学生实习对口率高达 84%，学生实习产教融合的水平显著提升。

第三，就业产教融合的水平的提高。高职教育产教融合的发展成效之一是拉近了高等职业院校与行业、企业间的距离，学生有了更多接触企业真实生产和服务环境的机会。在实习实践过程中，行业企业与学生对工作、岗位、人才进行了双向选择，部分学生直接留在企业，其余未留企业的学生也对工作和岗位有了更明确的认识，这就有效地提高了学生的就业产教融合水平。以中山职院服装专业为例，借助与沙溪纺织服装学院的共同培养，2014 年，服装专业毕业生就业率 100%，专业对口率 80.6%。

（三）提高了资源的转化率

高职教育产教融合的发展促进了地方政府、高等职业院校、行业企业、行业协会及教育培训机构等多方主体间优势资源的共享，变革了高等职业院校办学和教学模式，提高了教育教学产教融合的水平，提高了资源转化率，促进了产业和地区（如专业镇）的发展。在促进产业发展方面，一是高职教育产教融合通常会在产业园区内开展合作，拉近了高等职业院校与行业、企业的空间距离，加快了校企双方的信息沟通，加强了技术产品的设计和研发，为产业的技术创新和转型升级提供了技术和理论支撑。二是通过产教融合，高等职业院校对企业人才需求有更准确的了解，从而有更具针对性的人才培养。包括明确培养规模及产教融合的水平，明确教育教学模式，明确专业的调整与优化方向，明确课程内容及安排，明确就业前实践目标和实现途径等，使高等职业院校所培养的学生更契合企业的发展需求，实现学生由学校到工作的无缝对接，减少企业再培训所需人力、物力，促进产业的快速稳健发展。在促进地区发展方面，高职教育产教融合的开展助推了地区经济、教育、文化等方面的全面发展。以中山职院专业镇产业学院为例，一是产业学院带动了当地产业的发展，带动了当地消费、饮食、住宿等方面经济的发展。二是促进了专业镇教育培训的开展。专业镇产业学院通过举办面向社区居民的培训项目，带动其他培训机构项目培训的积极性。三是引领和培育了专业镇社区文化。专业镇产业学院借助中山职院文化优势，发展积极向上的专业镇文化。产业学院在潜移默化中提升了专业镇社区品质，促进了专业镇的全面发展。

五、广东高职教育产教融合的经验

高职教育产教融合涉及了地方政府、高等职业院校、行业企业、行业协会、劳动力市场等多方利益主体，在构建广东省高职教育产教融合制度保障的过程中，需要综合考虑多方因素，实现多方主体间利益的共赢，促进产教融合高效、有序地开展。本研究主要从办学主体、教学产教融合的水平及资源投入三方面探究广东省高职教育产教融合制度保障有效运作的对策措施。从办学主体出发，高等职业院校需结合自身的发展现状和特色，坚持教育学原则，构建健全的自组织机制；从教学产教融合的水平出发，高等职业院校需契合劳动力市场需求，注重培养产教融合的水平原则，构建健全的人才供求机制；从资源投入出发，高等职业院校需发动地方政府、行业企业、行业协会及社会机构和团体等多元主体的积极性，遵循市场发展规律原则，构建灵活的资源调控机制。其中，健全的自组织机制为高职教育产教融合的发展提供了基础，健全的人才供求机制为高职教育产教融合的发展提供了动力，灵活的资源调控机制为高职教育产教融合的发展提供了保障。

（一）构建健全的自组织机制

自组织机制是指，作为主要办学主体之一的高等职业院校在与社会大环境进行物质与信息交换过程中，通过产教融合等内在子系统的相互协调作用，自行调整高等职业院校内部结构，提高其适应经济社会、劳动力市场发展需求的能力。随着广东省劳动力社会主义市场经济的不断发展与成熟，现有高职教育教学模式所培养的人才难以满足产业经济发展对人才的需求，这要求高等职业院校主动适应产业经济的调整与发展，不断调整内部结构，如优化专业设置、完善课程结构以及调整人才培养方案等，以保持与社会经济发展的平衡。通过高职教育产教融合，高等职业院校能更高效地了解到劳动力市场对人才类型的需求情况、产业发展对人才技术水平的要求等。正因为如此，广东省高等职业院校在与行业企业构建产教融合合作关系时，应在市场的宏观管理下，不断适应市场形式，建立起适合自身发展需要的自组织机制。要使自组织机制在高职教育产教融合运行中发挥重要作用，需从以下几方面着手：

第一，根据产业发展，优化专业设置。产业的不断调整和发展必然导致对人才类型、人才层次需求的不断调整，高职教育产教融合合作目标之一是降低高等职业院校人才培养与劳动力市场需求间的不相匹配度。这就要求高等职业院校有一个有序健全的自组织机制，以优化和调整其专业设置。首先，要求高等职业院校根据产业发展需要，确定其教育模式和培养目标，根据区域经济龙头产业以及产教融合合作企业、行业协会等为引导设置专业。其次，专业的设置与调整要充分考虑地区相关产业的职业岗位群的发展和需求情况。最后，专业的设置、调整与优化要"宽窄并存"。即高等职业院校不仅要设置针对性强、专业化程度高的"窄"的专业，还要考虑拓宽高等职业院校专业口径，设置更"宽"的专业，加强高等职业院校的适应性。

第二，根据职业标准，完善课程体系。课程体系在高职教育的发展中起着举足轻重的作用，是人才培养的基础环节，是实现高等职业院校人才培养目标的前提和基本条件。高职教育专业课程内容与职业标准对接是我国提出的"五对接"之一，可见专业课程体系的重要性。同时，高职教育产教融合的发展，需要完善这一对接，实现高等职业院校课程内容与合作行业企业职业标准的对接，实现高等职业院校所培养毕业生与企业工作岗位的无缝对接。正是基于此，高等职业院校需要根据行业企业职业标准，构建高等职业院校课程体系。首先，高等职业院校课程的设置要以就业为导向，根据相关专业对应行业企业的岗位需求，有针对性地设置课程内容。其次，高等职业院校课程应根据市场用工需求，设置毕业生职业能力的培养目标，保证课程内容具有一定的先行性特点。再次，高等职业院校课程设置要以培养实践型人力资源为主要目标，提高就业前实践课程的比例。最后，高等职业院校需要及时调整和更新课程内容，提高学生职业能力培养的针对性。

第三，根据市场需求，提高办学灵活性。劳动力市场对人才最直接的需求是毕业生能实现由学习向工作岗位的直接转变，实现学生与员工的无缝对接。简言之，即企业需要能连接上岗工作的"成品毕业生"。同时，随着高等职业院校专业设置与企业职业分工的细化，劳动力市场对高技能人才培养提出了更高要求。目前，广东省部分高等职业院校的教学仍重理论、轻实践，这一教学形式与我国提出的高职教育教学过程要与企业生产过程相对接的实际需求不相符，不利于学生实际动手操作能力的培养，不利于高等职业院校毕业生由学习向工作岗位的转变。正是基于此，要根据市场需求，改革现有教学法，加强项目教学法、任务驱动教学法等实操性强的教学方法的应用，提高学生的动手实践能力。此外，适时适量地安排学生参与到产教融合的合作企业的实际生产过程，让学生接触到真实的企业生产环境。借助产教融合办学模式，发挥高职教育办学的灵活性，有针对性和指向性地面向就业市场需求培养人才，适当调整人才培养模式、教学方法等。

（二）构建动态的人才供求机制

从教学产教融合的水平出发，高等职业院校需契合劳动力市场现有及未来将产生的用工需求情况，构建动态的人才供求机制。实现高职教育人才的"供"与劳动力市场用工的"求"的供求平衡是广东省高职教育产教融合的重要目标之一。供给与需求是产教融合的两个基本要素，实现供给和需求的均衡是产教融合有效运行的基本条件，也是实现社会主义市场经济有效运行的重要基础。高职教育人才供需涉及两个不同的层面，即社会经济发展需求与高等职业院校发展需求，两者分属于不同层面的不同组织，需协调两者间的供需关系。基于现代发展观，在高职教育产教融合的过程中，要充分、合理地发挥计划经济这只"有形的手"进行调节。同时，需要在产教融合过程中根据社会主义市场经济的发展现状，建设并运用动态的人才供求机制，确保高等职业院校人才培养与劳动力市场需求间的供给和需求的均衡。正是基于此，在广东省高职教育产教融合过程中，高等职业院校应联合行业企业、行业协会等共同研究市场需求，构建科学合理的动态人才供求机制，满足社会经济发展对高职教育人才的需求。在高等职业院校产教融合动态供求机制的构建过程中，应注意做到以下几点：

第一，基于学生生源市场构建供求机制。考虑生源市场即需要充分考虑高等职业院校学生的来源，生源市场是高职教育产教融合制度保障中不可或缺的重要组成部分。随着职业院校数量的增多、职业院校学生的扩招以及计划生育实施以来适龄学生人数的减少，高等职业院校生源市场的竞争日益加剧。同时，越来越多的民办和公办高等职业院校对外公开其招生信息，增加其招生途径，增加了学生和家长对高等职业院校专业设置、教学产教融合的水平等的知情权，学生在择校时有了更多的自主性和可选择性，加剧了各高等职业院校间激烈的生源争夺战。由于学生和家长将高等职业院校毕业生就业产教融合的水平作为择校的重要参考因素之一，就业率高的高等职业院校在招生竞争中毋庸置疑拥有更多的优势。正是基于此，提高就业率成为诸多高等职业院校的主要办学目标之一，就业率甚至成为高等职业院校办学成败的标准和生命线，影响着各高等职业院校的竞争、生存和发展。为此，高等职业院校需要通过产教融合，面向生源市场，积极开展形式多样的学历与非学历教育，提高高等职业院校就业率和就业产教融合的水平，提高高等职业院校毕业生的就业竞争力，提高高等职业院校的综合竞争力。

第二，基于劳动力市场构建供求机制。在广东省高职教育毕业生劳动力市场中，学生所学专业、掌握技能、综合素质、就业能力等因素会影响用人单位对其需求与否。同时，用人单位的发展前景、薪资待遇、工作环境，以及学生对企业的期望等会影响学生是否选择该企业。这直接构成了用工市场和人才培养市场间的供需关系，即高等职业院校毕业生在就业市场中寻求合适的工作岗位，劳动力市场则根据自身发展需要及供求情况，调节生产、服务等行业中的人力资源配置。此时，就业及劳动力市场的供求情况会产生一定的信号，包括价值需求信号、人才需求信号及未来可能产生的人才需求信号等。这些信号会影响准备就读的学生及其家庭对专业和院校的选择，间接助推高等职业院校办学的优化和调整。总而言之，供给与需求间的相互协调与平衡，会影响高等职业院校的招生规模和学费水平，高等职业院校要根据用工需求情况，借助动态人才供求机制动态调整人才培养目标、方向和规模等，提高高等职业院交人才培养的适应性。正是基于此，广东省高等职业院校在产教融合过程中，需要充分重视劳动力市场需求及变化情况，准确地了解市场用工的需求信息，以此指导高等职业院校的办学定位、办学规模、专业设置、教学模式及课程体系等，提高高等职业院校的竞争力。

第三，基于市场需求预测构建供求机制。高职教育产教融合动态人才供求机制构建的目标之一是实现准确预测未来市场的需求情况，提高高等职业院校人才培养与市场需求的契合度。由于广东省产业经济发展和更新迅速，而高职教育人才培养具有较长的周期性，这就要求高等职业院校对市场未来人才需求情况有较准确的预测，并以此为依据设置和调整人才培养的方向、目标、标准等，而与市场需求适应与否也决定了高职教育人才培养是否有效。正是基于此，作为因市场需求应运而生的高职教育如何对市场人才需求情况进行准确的分析和预测就至关重要。在对地区劳动力市场进行预测分析时，需要了解广东省一、二、三产业的门类情况以及各产业在本地经济发展中的比重情况，还需分清主导产业、支柱产业、劣势产业及夕阳产业间的区别与联系。同时，要对区域主导和支柱产业未来的发展趋势进行动态分析，充分考虑科技进步与市场竞争等影响因素。

（三）构建灵活的资源调控机制

相较于普通高等教育对资源的需求状况，高职教育的发展对人力、财力、物力等方面有更高的要求。但现有高职教育教学的资源投入难以满足高等职业院校对办学资源的需求，出现了供不应求的现象，高等职业院校办学产教融合的水平难以提高。为此，高等职业院校需在提升自身人才培养产教融合水平的基础上，积极主动地争取得到政府及相关部门的重视，争取政府在制度及资源投资方面的支持。同时，高等职业院校需要全面优化学生生源、提高办学产教融合的水平、提高学生就业率等，一方面，争取得到银行的低息贷款、社会的专项资金支持及社会民间机构的投资等；另一方面，吸引更多资金雄厚的行业企业、行业协会等通过资金投入、设备投入、人才投入、吸收学生实习实践等多种形式参与到高职教育产教融合中。

以此形成高等职业院校的良好发展态势,实现生源产教融合的水平的提高,办学效益的提高,学生就业率的提高,学校信誉的提高,投入资金的增长这一良性循环。由于高职教育的特殊性及资源投资主体的多样性和灵活性,在广东省高等教育产教融合过程中,需要构建灵活的资源调控机制。一方面,广东省及国家经济的发展形势要求高职教育面向市场,并根据市场的发展及需求情况,调整高等职业院校的办学定位、办学层次及教学模式等,拓展高等职业院校资金来源渠道;另一方面,高职教育具有相对独立性和特殊性。首先,影响高等职业院校办学的因素不仅有市场需求和市场竞争,还受到政策、法律、文化、历史传统等多种非竞争因素的影响。其次,高职教育人才培养主要定位于培养适应于劳动力市场及企业发展需求的人才,适应性是高职教育人才培养的主要特性之一。但作为特殊产品的人这一产品的价格和供求不具备普通产品所具有的灵敏性和精确性,其需求价格与供给价格难以用简单的标准进行评判。最后,行业企业对人这一特殊人力资本的期望更高,随着产业经济的发展,企业不仅要求人力资本具备普通的生产和再生产能力,更要求人力资本具备创造和开发能力。然而,产业经济发展迅速,对人才技术技能需求变化快,高等职业院校对人才的培养不仅要考虑与当前劳动力市场需求相契合,还要考虑为未来的产业发展做必要储备。这些因素均会影响到政府、行业企业、行业协会、银行等多方主体对高等职业院校资源投入的稳定性,不利于高职教育产教融合持续、稳健地发展。在广东省高职教育产教融合运行中,需要构建灵活的资源调控机制,具体可从以下几方面着手:

第一,以政府为主导构建资源调控机制。在高职教育产教融合资源调控机制的构建过程中,政府应发挥主导作用,联合行业企业、高等职业院校、行业协会等共同研究和构建有利于高职教育产教融合持续开展的资源调控机制。高职教育人才培养的主要任务之一是培养技术型、技能型及操作型等专门人才。正是基于此,政府应发挥主导作用,积极助推企业参与高职教育产教融合。首先,政府应积极助推行业企业以设备投入、场地投入、资金投入等形式参与到高职教育产教融合中,出台相关政策条例,确保行业企业对高职教育产教融合资源投入的稳定性和可持续性。其次,加大对高职教育产教融合过程中资源的监督监管和指导。政府应主导成立资源监管和指导管理协会,管理协会成员可由政府相关部门负责人、行业企业产教融合负责人、相关产业经济界专家、高等职业院校相关负责人等组成。管理协会通过提意见参与及监督监管的形式,参与到高职教育产教融合的资源使用中，确保资源使用的公开、公正和高效，继而提高行业企业再投资资源的可能性和积极性。最后，政府可通过对行业企业相关工作岗位人员进行培训，台降低或减免企业税等优惠政策激发行业企业投资高职教育产教融合的积极性。

第二，以企业为辅助构建资源调控机制。在高职教育产教融合资源调控机制的构建过程中，应充分发挥"产""教"主体之一的行业企业的力量，协助政府部门发挥其宏观主导作用。首先，行业企业应协助政府，协同高等职业院校、行业协会，拓宽广东省高职教育产教融合资源的来源渠道。行业企业作为经济活动体，其对资源来源和投资有更丰富的实践经验和更科学的认识，行业企业协助作用的发挥，有利于解决高职教育产教融合的资金来源问题。其次，行业企业应协助政府，协同高等职业院校、行业协会，统筹规划高职教育产教融合运行中资源的使用和管理，借鉴企业资金运转模式，丰富产教融合中资源的使用和管理办法，协助政府出台相关管理条例办法，实现资源的高效利用。最后，行业企业应协助政府，协同高等职业院校、行业协会以及社会机构和团体，建立多渠道高职教育产教融合经费筹措机制。以合作企业为代表，以经费投入等方式参与到产教融合中。同时，提高其他企业开展高职教育产教融合的积极性，实现多主体参与办学、参与教育投资。

第三，以市场为导向构建资源调控机制。人才培养与劳动力市场用工需求间关系的实质是高等职业院校人才培养与劳动力市场需求间的供求关系。社会主义市场经济的核心是利用价值规律及供求关系以获取经济效益，高职教育产教融合制度保障的行为主体包括了政府、高等职业院校、行业企业、学校学生以及其他需要技术服务的用人单位等，同时，又涉及包括学生生源市场、劳动力市场及技术市场在内的三个主要市场。在高职教育产教融合运行中，各主体、各市场间关系错综复杂，且各主体间利益需求不尽相同，各市场间资源供求关系不平衡。正是基于此，要实现高等职业院校与市场需求间的平衡，就要做到高等职业院校资源与市场资源的平衡。这就需要构建以市场需求为导向的资源调节机制，有效处理行业企业与高等职业院校间的利益冲突和矛盾。一方面，根据市场发展现状，调整高职教育产教融合运行中现有资源的配置。高职教育产教融合的发展需要根据现有劳动力市场对某类人才的需求程度，增加或减少人才培养的规模和数量，并随之适当增加或减少该类人才培养的资源投入。另一方面，根据市场未来需求情况，调整高职教育产教融合运行中资源的配置。高职教育产教融合需根据未来企业对人才的需求情况，新增或取消某些专业人才的培养，并随之增加专业所需硬软件设备及资金的投入，逐步减少或转移被取消专业的硬软件设备和资金投入，提高资源的经济效益和利用率，提高高等职业院校办学产教融合的水平。

第二节　贵州高校产教融合实践经验

一、贵州省高等职业院校教育发展基本概况

截至 2016 年年底，贵州省共有高等职业院校 32 所，其中，民办性质的高等职业院校 4 所，校址在省会贵阳的近三分之一，有 13 所；遵义、铜仁各 3 所；毕节、黔南各 4 所；黔东南 2 所；安顺、六盘水、黔西南分别各 1 所。随着职业教育的蓬勃发展，高等职业院校在建校场地上不断扩大，有三分之一的高等职业院校学校占地面积达到一千亩以上，由此看来，贵州高等职业院校的未来发展充满活力。每所学校内部均设有实训场地，为学生实操能力的培养创造条件。

随着农村外出人口数量的增加，社会结构转变加快，城镇化迅速扩展，这也带来贵州职业教育的发展期。对职业教育的资金投入逐年递增；经济发展势头迅猛、对技术型人才求贤若渴，助推了贵州高等职业院校教师对自身专业理论与实践进一步加强的行动力，随着教师培训、深造的人数不断上升，高等职业院校师资队伍有了更多高素质、精技能的双师教师；符合市场需求的相关专业毕业生走俏，此专业相关的理论和技能得到深层次的研究，进而毕业生服务县区的职业技术领域人数增加，为其基础建设打下基础；就业率的提高，会助推宣传力度的加强与招生人数的提高优势，高等职业院校进入一个新的发展时期。以贵州职业技术学院为例：2009 年 9 月贵州职业技术学院正式开学，前期发展并不如意，在经历了实训资源不足、双师队伍产教融合的水平低下等困境后，学院大力发展校企合作的办学方式，订单班的培养、共同出资建设实训场地等措施的实施，有利于企业人力资源融入学校教师团队，打开学院人才培养产教融合的水平不高的困扰，在短期内实现学校跨越式发展。贵州省高等职业院校大多采用"2+1"人才培养模式，前两年在校内学习理论知识和实训基础，最后一年进入东部地区发展前景好、市场需求最大的企业实习。此种分段式学习方式在不同学校时间点划分不同，大体一致，以此引

进"新专业"，改造"老专业"。全省职业教育以市场需求为导向、以服务区域经济为理念，加强校企融合程度，大力发展人才培养模式。省内常见的人才培养模式包括：订单班培养模式、"2+1"人才培养模式、工学交替以及新的"学徒制"人才培养模式。贵州省高等职业院校人才培养发展较成熟的订单班人才培养模式，能够及时组织教师结合企业的紧急需求，在短期内为企业量身培养一批即可上岗的技术过硬型人才。一般订单班都是企业主动联系学校，用工急、用工量大、目标精准，针对订单班人才的培养，校企融合度较高，配合指数也高，这种人才培养模式效率也是最高的，社会各方产业与高等职业院校都很认可。

二、贵州省产业发展对高职教育提出的要求

教育培养人力资本，人力资本带动地方经济增长，三者互相依存。贵州经济发展更多地需要依靠技术的创新以及高层次人才的加入。贵州的生产要素中，整体生态资源充沛、劳动力资源丰富，但劳动力整体素质偏低，量的优势明显，质的优势缺失。人才掌握的技能比较基础，劳动力技术水平低下势必导致劳动效率不高，对地方产业发展的驱动力不足，人力资本转换经济发展不顺畅。改变现状需要将高技能型人才培养做强、做深，在实践课充沛的现状下，改良实践教学环节，真正使学生看得认真、做得扎实、总结得到位；对高等职业院校而言，人才培养的关键在于学校双师型教师队伍的建立。高职教师缺乏长期在一线岗位由生产到出产整个操作过程的经验，理论能力远大于实践技能。师资技能长期滞后于产业技术，所培养的学生无法达到产业要求的高层次技能人才水平。教师的激励制度需要完善，改革针对技能型教师的培训，突出创新、实训等特色培训服务。全面增加高层次技能型人才的数量。近年来，随着第二产业与第三产业的逐步发展，与之相匹配的从业人员数量也在逐步上升，尤其是第三产业当中的服务人员，是所有产业工作中增长最快的，因服务业入门低，对从业人员技能要求低，招工数最大，所以其占第三产业的人数相对最高。每年第三产业的发展趋势与服务业人数增长呈同一趋势。从事第二产业的人才人数增长势头比第二产业本身增长要快。学校专业的设置相对于社会主义市场经济产业的变动有滞后性，学生往往同一专业，在不同届毕业，其工作待遇会有很大差异。

学校的专业设置不能紧跟市场的变动走势，这会导致岗位需求少学生求职人数多，

抑或者出现用工荒，企业招不到高技能人才，学生接受的还是初级技能培养，学校专业结构的开设与产业结构发展情况不符。正因为如此，学校要开设适应产业结构发展的专业课程。

高等职业院校人才培养模式应由适应型人才向引领地方经济发展转变。由低层次技能型人才向高层次技能型人才培养。职业院校的学生不但要就业，还要在岗位和生活中实现自身的发展，任何单一的人才培养模式都是不利于学生的发展。由校企合作人才培养模式向产教融合人才培养模式转变，将产教融合人才培养模式落到实处，实现订单式人才培养新机制。由灌输式人才培养模式向引导式、提高参与效率型人才培养模式转变，现存的人才培养模式尽管关注学生的参与，但学生参与方式、成果不利于当地社会与人才自身发展的需求，人才培养产教融合的水平有待加强。学生的发展才是教学的首要任务，也是提高人才培养产教融合水平的关键。政府作为第三方参与主体，对产教融合未来发展具有推进作用，政府构筑产业发展战略，将提高创新能力作为高等职业院校重点培养方向。职业院校要与地区发展齐头并进，甚至起到一定引领作用，体制机制的提前部署是至关重要的，政策的支撑作为引领发展的旗帜，统筹产业和学校相互发展，支持职业院校更好地发展，以期加强服务地区产业的力度。构建贵州地区产业、经济平稳、持续、健康发展，相配套的体制建设必须适应经济产业结构的发展，一定形势下需发挥其引领作用。产教融合深度发展，高等职业院校人才培养必然肩负起地区经济发展的重任，相关体制统筹的强度会随之加大；产教融合可持续发展离不开法律和法规的支持；加强行业、协会等相关管理机构，建立企业参与强度的体制。

三、贵州高校产教融合的发展经验

（一）整合校企优质资源，服务人才培养模式

高等职业院校与企业最重要的融合条件是人才培养，校企融合度不够，是由于没有充分利用各方有利资源，校企双方应整合各方优质资源，共同服务于人才培养。高等职业院校在选择企业时考虑的因素不单是品牌效应，更重要的是根据学校办学的特色以及师资对专业开设的规划，综合衡量多方因素，优先甄选责任心强的企业共同发展。只有这样才能真正做到双主体育人，将人才培养纳入企业的发展目标中，校企双方明确自己的工作和责任。不断提升教师教学与研究素养，打造高素质双师型教师队伍，激发教

师教学活力，定期替换学校实训设备，不断优化学生校内实训环境，创造良好的职业院校校园文化氛围，紧抓社会的需要信息，改革教学模式，促进产教紧密融合；通过订单班、现代学徒制、联合培养、企业建校以及创新平台的搭建等有效措施，共同促进学生身心发展，助推新专业课程的开发引领地方产业发展，不断提升高职服务地方产业的综合能力，不以学生跟岗为前提，加大促进产业技术创新的能力培养，持续提高产业与高等职业院校深度融合的信心。建立一套真正适合高等职业院校学生发展的培养模式，切实做到培养出的人才是满足经济产业所需的应用型技能型人才。在培养目标的制定上要紧密契合贵州省三大产业的发展需求，符合企业对招收人员的要求。不仅掌握所属专业的基础理论和专业技能知识，而且能够应对实际工作中出现的新问题。在实践课程设置方面也要反映出最前沿的新技术，实践课程不但对技能有要求，也要对学生的经验总结和实际遇事的应对能力有所考核，大力培养高等职业院校学生的综合能力。在共同人才培养模式的大类下，根据不同年级、不同专业、不同性别、不同兴趣爱好等方面制定个人特色发展计划。专业的划分要更细化，大班当中分割成不同的小班，根据相同学习水平、同等实操技能划分小班进行针对化教学，在教学过程中有所倾斜，在学生熟悉的领域中进行更深层次的学习。运用更加灵活的培养方式，以提升学生产教融合的水平为目标，培养高等职业院校学生核心素养为过程性目的，进一步显现教育在职业教育的良性功能。

现如今高等职业院校的招生人数不断扩大，各大院校的师资力量有限，结合实际，很多院校都在聘请企业高管作为自己院校的导师，对校外聘请的导师应制定一套合理并且真正能够实施的带学生的方案。从校内教学到企业实习，加强双主体育人的培养力度。目前，有些院校采取分配制，学生没有选择企业导师的权利，学校按专业将学生整班划分给不同企业的导师，有些学校是给学生选择导师的权利，导师和学生相互选择。学校应区分不同学生发展的需求，根据学生的不同发展方向，分配不同性质的导师，让每位能够跟导师的学生都能学到有用的知识，做好传、帮、带。

（二）深化管理改革，完善多方管理监督体制

建立健全权责明确的产教融合参与方的管理制度和模式，确保各相关单位、部门、领导明确自身的责任和义务，细化产教融合人才培养模式的管理细则，明确各岗位工作要领，促使各分管学院出台高效的管理制度，充分调动各分管学院管理所在院系人才培

养的积极性。探索多元化办学模式，形成"学校＋学院＋企业"三主体协同发展，校内建立"学校＋学院"的双主体管理形式，形成"管理、办事、评价"三方分离的管理制度。坚持产教融合，深化校企联动，政校企多方共赢。

学校与企业之间的纽带是产业，正是基于此，校企应互相协作挖掘办得好的学校与地方龙头企业牵头做好榜样，从各自优质的资源、优良的技术、先进的设备促进产教融合最优化，形成长效的良性循环。政府应以法律和法规明确产教融合双方各自承担的责任和义务，在评估企业运营状况时接受多方评估，把学生实习产教融合的水平和对学校的满意度纳入评估参照范围，对长期坚持与学校建立紧密的人才培养模式的企业进行嘉奖，可以是减税，抑或是政策倾斜等相关办法；从法律政策的出台中提高职业院校培养的技能型人才的社会声望。

组建实习管理小组，组织学生进入企业实习，开展全方位细致化的学生实习管理是非常有必要的。学生在企业实习的期间，跟岗教师必须是专职跟岗教师，不得担任校内任课工作，跟岗教师全权负责学生实习，全程管理其工作当中的全部事务，确保实习能够顺利进行。同时，要善于总结经验，通过分析研讨积累相关经验，校方要重视学生实习的环节，后期对学生和企业对此次实习过程的感受收集情况尤为重视，通过细致深入的工作更好地改善学生的实习生活。

以实践操作过程为依据，在高职教师岗中针对缺乏一线经验的理论型教师进行定期培训。保障教师发展通道更加通畅，依托国培、企业培训、校内培训、企业锻炼、拓展训练等培训项目对该部分教师进行多元化、多渠道的培训，并要求教师取得培训相关的资格证书以及结业证书。鼓励教师参加省级及国家级技能比赛，对获奖的教师给予一定的经济奖励或职称上升的条件。严格落实教师进企业锻炼学习等相关制度，从制度上确保教师教学能力的提高。将企业的竞争机制引入高等职业院校中，针对教师激情不高、参培态度倦怠等状况，实行末位淘汰或取消奖励待遇，完善教学能手和新进教师"老带新"制度，突出骨干教师和优秀教师的带头作用，加强其对技能较弱的老师的帮扶作用，最大限度提高担任教学任务教师的双师型队伍构建。

（三）鼓励师生参与课程安排设置，开展多元化课程

提高教师参与度，根据企业对技能型人才的需求，教师参与优化课程安排以及教材开发。在订单班人才培养模式中，人才培养计划由校企双方共同制定。在此基础上，结

合企业的实际要求，教师可以和学生自发组织课程设置讨论组。参照同等层次学院的课程分布标准，结合学生的实际需求及兴趣爱好，共同商定课程安排、教学 PPT 等，进一步提高师生的互动率。为了督促和完善师生的互动产教融合的水平，建立互评体系，通过双方对彼此在共同合作中是否尽职进行打分，并将比结果与教师绩效和学生学业联系起来，彼此起到监督作用，进而助推师生上课的积极性。在课程开设方面不能一味地追求实践课程，尽可能多地开设选修课程，鼓励学生根据自己的喜好进行选择，建设"专业+"复合课程，促进信息技术与教学深度融合，建设省级精品在线开放课程，发展一批校级精品课程，通过产教融合开发多门慕课和微课，形成网络教学、视频公开课、名师课堂等区域共享一体化的信息化教学资源体系。

在产教融合的理念下，职业院校应尽快找到"组织"，进入专业的相关管理协会，并切实对合作的企业进行深入调研，以互利互惠的优势互补原则与企业共同培育学生，积极适应职业教育发展大环境，不但与当地企业学校频繁交流，更要与有一定层次的好学校进行合作办学、良性互动，学习更加符合快节奏发展市场的人才培养模式。贵州高等职业院校除了注重数量，亦要追求质的提升，创新是现行职业院校都在响应的口号，营造充满技术发明和学术交流浓郁氛围的校园文化环境尤其重要，使学生自觉主动地去学习。处于平稳期发展的高等职业院校应适时地突破现状，打造专属品牌，办出特色，在长期建校的过程中，不同的文化造就不同属性的学校。各学校要结合自身的理念，发掘所属地域中特有的文化资源，紧密结合区域经济文化，制定能够实现的目标，并在实践中不断改进此计划中不可行之处，通过长期实践的打磨逐渐积累出真正意义上的"特色"，并在实践教学过程发扬光大。

贵州发展大数据健康产业亟待解决的问题是人才缺失，产教融合的道路为产业和教育紧密合作搭建夯实的平台，高等职业院校应紧紧抓住机遇，借助此平台，与产业联手培养出服务贵州省大数据健康产业的复合型技术人才。

（四）深化人才制度与教学体制改革，实现教师的多方合作与流动

以创新创业能力为培养目标，结合不同专业性质，基于工作过程系统化、个体能力本位、技能成果三种类别，系统设计符合创新要求的技能人才培养和课程体系，深入落实产教融合的人才培养模式。积极推进政校企三方协同育人，继续与大中型企业合作，以及与政府协同创新培育平台，推进现代学徒制的建立。市场是检验高等职业院校人才

培养的标尺，亦是高等职业院校发展相辅相成的合作对象，高等职业院校应适应区域产业结构，开设相匹配的专业，并进行人才培养。产业发展并不是一成不变的，随着经济的提高，产业调整也将面临深度革新，高等职业院校在专业的设置中，要紧盯市场，及时调整人才培养方案，新旧专业转换紧随市场。学校加强与境外交流合作，应与国际强劲的职业院校建立合作交流关系，定期向此种地区派遣相关专业教师前往学习培训，同时也应加强领导、教师与国内知名高等职业院校的轮岗实训。鼓励教师走出去，吸引优秀教师走进来，建立教师流动平台，随时保持师资队伍新鲜化。建立从上、中、下端切入式学习机制，产品从设计到研发到生产再到出口，全程学习，增强时效性。职业院校培养的人才往往与实际需求有"时差"，几年时间赶不上时代变迁，对市场与社会把握度不够深入，滞后于时代需求，遗忘职业院校有引领地方产业的义务，应用研究才能引领职业院校的发展。职业院校要与产业深度融合，不是简单的点对点的连接，应建立链式对接，从企业最初的设计，到研发、生产、销售、售后动态全过程，职业院校都应保持全程学习，深度参与，真正达到技术熟练，渠道熟悉，在此基础上才能更好地倡导创新。只有在此基础上，才能把握企业的发展、了解市场的需求，才能够与企业不同部门相配合。只有深度了解企业，才能切实开设适宜的专业课程，随时保持与时俱进。根据贵州工业强省战略、大数据的进入、大健康产业的发展，对接产业链，结合学校办学特色优势，按照专业基础相通、技术领域相近、职业岗位相关、教学资源相融的原则，打造服务不同产业的专业群。职业精神属于精神范畴，是从业人员的职业操守和职业态度。职业精神应是高等职业院校学生必须具备的精神品质，囊括了爱岗敬业、精益求精、求实创新。培育高职学生职业精神的核心素养有助于增强学生对将来从事工作的归属感以及受挫后重拾自信心。提升自信心有助于个体身心的全面发展，提高高职学生自我职业价值的认可度。具有长久稳定的职业精神才能助推学生不断产生学习的动力，从而形成不断提升自我的良性循环，践行终身学习的理念。职业精神表现在技能人才对产品高要求、高产教融合的水平、高精准的追求上，对技艺的钻研创新，对工作的痴迷，不断地超越自身的价值。如若具备一定的职业精神，将有效提升其职业生涯的发展空间。

第三节 重庆科技学院产教融合实践经验

一、重庆科技学院发展历程

重庆科技学院是一所全日制公办普通本科院校，由两所具有七十多年办学历史，办学声誉良好的原中央部委属学校——重庆工业高等专科学校和重庆石油高等专科学校合并组建，于 2004 年 5 月经教育部正式批准设立。学校以工为主，以石油与化工、冶金与材料、机械与电子、安全与环保为特色，涵盖理、工、经、管、法、文、艺，是一所多学科协调发展，行业优势突出，办学特色鲜明，蕴藏着勃勃生机与较大发展潜力的高等学校。学校是国家"卓越专业技术人员教育培养计划"试点单位、全国应用技术大学（学院）联盟副理事长单位、重庆市属高校转型发展联盟理事长单位。学校占地 2200 余亩，建筑总面积 73 万平方米，教学设施总值 5.5 亿元。教职工近 1700 人，具有博士、硕士学位教师的比例达 90%。学校设有 20 个学院，10 个国家级一流专业、25 个省部级一流专业，全日制在校学生 20000 余人。毕业生初次就业率一直保持在 90% 以上。学生先后在全国的大学生数学建模、电子设计制作、机器人、体育竞技舞蹈等国内竞赛中获得了数千项国家级奖励。2015 年、2019 年，学生参加第 9 届、第 14 届世界模拟炼钢挑战赛，均获得世界冠军。学校坚持以"立德立人、求是求新、载文载道、为国为民"为办学宗旨，深入实施"特色立校、文化兴校、人才强校"发展战略，确立了要把学校办成一所特色鲜明、国内知名、走向国际的高水平应用型特色科技大学的奋斗目标。

二、重庆科技学院产教融合的理念

唯先有理念的树立才能指导产教融合在高等学校的实施。重庆科技学院助推校企合作、产教融合，其基本的理念是以学生为本、以能力为重，校企合作育人，这是实施产教融合的出发点和落脚点。培养人才是高等教育的最终落脚点，应用型本科高校实施产教融合也应坚持以学生为本的理念。经过七十多年的办学历程，重庆科技学院确定了实践型人力资源的培养思路，即是说要以学生为本，按照生源的特点，按照大学生的知识、能力、素质、兴趣和就业需求等现实状况，面向基层、综合培养。在这一理念的指引下，重庆科技学院的学生服务更加精细化。通过校长信箱、学风调研、校长热线、访谈、教务在线、学生评教等多种形式倾听学生呼声，及时解决问题，从选课、考试及成绩查询到实习实验安排、毕业设计实行一条龙服务，学校所有实验室全面向学生开放，免费使用，并配备指导教师进行指导。实践教学基地、平台更加真实化。在校内，有国家级虚拟仿真实验教学中心1个，国家级实验教学示范中心2个，国家级工程实践教育中心4个，市级实验教学中心8个。在校外，学校与中石油、中石化、中海油、武钢、西南铝、重钢、美国卡万塔能源公司等500余家国内外知名企业签订了产学研合作战略协议，每个本科专业都有多个校外实习、就业前实践的专门基地。在这一过程中，学生获得很多奖项，申请了很多专利，其中尤为突出的是2013级石油与天然气专业的研究生刘宏伟同学，他以其低成本成功自主研发了3D打印抛光机，并通过央视节目《发明梦工厂》以200万元的价格转让了专利权。何为能力？任何一种能力都是知识的运用，这个知识包括了理论知识和实践知识两类，都是智力（包括注意力、观察力、思维力、记忆力、想象力等）转化为实际行动，成为完成某一任务的心理品质，所以，能力是知识和智力的结晶。而学校是培养一个人能力的重要场所。要如何培养学生这种能力，也成了应用型本科高校实施产教融合的另一内在需求。在《重庆科技学院2014级学习指南》中关于人才培养方案就有鲜明的特点，培养方案更加注重学习的职业能力培养。学校通过产教融合校企合作开设有关课程，并邀请到行业（企业）专家参与到学校教育教学活动中，对课程体系进行系统的优化整合，使得课程的教学内容与职业标准、教学过程与生产过程对接得更加紧密。在《重庆科技学院本科课程管理办法》中关于课程设置就明确地指出，各专业应该坚持能力为本、应用导向，系统设计和整体优化课程体系。本科专业人才培养方案中设置的每门课程都要对显示学生知识、能力、素质结构有确定映射关系。不管是人才培养方案还是课程设置无不凸显学生能力为重的理念。产教融合是校企合作的深层次发展，校企合作是产教融合的必要条件，唯有树立了校企合作育人理念才能更好地被应用型本科高校的管理者理解，以便实施产教融合。校企合作是适应经济社会发展、经济全球化和产业转型升级的必经之路，是各国企业、教育界都普遍认可的，与此同时也是当下各地高等院校在创新人才培养模式以及革新体制机制方面的一个必由之路。

教育部在文件《关于全面提高高等教育产教融合的水平的若干意见》中就清楚地指出：全国各高等院校要促进与企业间的合作、协同创新，研究和探讨出校企合作共同培养人才的新方案。在这个浪潮中，重庆科技学院积极主动地投身于校企合作、产教融合的实践中。学校在本科人才培养及研究生教育的教育教学活动中，贯彻落实开展"五共同""一个全过程"——共同制订人才培养方案、共同组建教师队伍、共同搭建实践教学平台、共同实施教学、共同评价人才培养产教融合的水平，企业参与人才培养全过程。与石油、安全相关企业及政府机关开展紧密合作，2012 年成功获得石油和安全工程的满足国家特殊需求的工程硕士专业学位研究试点单位。重庆科技学院以建设应用型大学为目标，以培养应用型科技人才为目的，对专业学位工程硕士培养实施"双导师制"，即其中一导师必须是企业技术或管理人员，在企业建立了众多人才培养基地，聘请企业技术管理一线或工程技术主管来校任课教学，派出专业骨干老师到企业生产一线挂职锻炼，促进交流合作的同时，提升人才培养产教融合的水平。与重庆钢铁集团公司建立起校企合作关系，并在重庆垃圾焚烧发电技术研究院设立了博士后的一个工作室，齐心协力培养一批在学术、科研以及教学方面的高端实践型人才。重庆科技学院与 200 余家行业协会、地方政府部门、企业以及科研院所签订了合作协议，实现了学校办学与行业产业的不断融合，为学校的人才培养提供了坚强保障。

三、重庆科技学院产教融合模式

重庆科技学院实施产教融合，其中，人才培养目标定位是首位。学校积极与行业企业合作推进人才培养模式的不断发展和革新，现已形成以"五结合、五重点"为核心的人才培养模式。

人才培养目标定位是高等学校对在校学生的一种期许，期盼培养出何种人才的设想。确定人才培养目标定位是各个高等院校制定相关制度政策体系，搭建独具自身特色的人才培养目标体系，以及明确高校自身所肩负的责任和义务。由于国家教育战略的调整以及区域经济的飞速发展，要求地方本科院校培养适合于国家战略部署以及服务地方经济的实践型人力资源。而在我国处于经济转型和产业升级换代的时期，迫切需要大量高素质的实践型人力资源，党的十八届三中全会明确指出，"要深化产教融合，校企合作，培养高素质人才和技能型人才"。重庆科技学院力争在培养高级实践型人力资源方面在全国范围内具有示范性，中长期发展目标即是建成高级应用型专门人才培养高地和西部地区技术创新与应用基地，为此提出了"地方性、行业性、应用型、开放性"的定位。

为认真落实"地方性"定位，在已经招生的专业中，直接服务于重庆市的支柱产业、战略性新兴产业的，占到 50% 以上。为深入落实"行业性"办学定位，学校领导带队每年定期走访行业企业，二级学院、教授博士倾力为行业企业开展技术研发服务，成立了合作发展部、产学研合作工作管理协会等专门机构促进与行业企业的合作，紧密维系了与石油行业、冶金行业的血脉联系。在《重庆科技学院 2014 级本科学习指南》中，就明确提出了其人才培养目标是坚持德、智、体、美全面发展，培养基础知识面宽、工程实践能力强、具有创新精神、面向石油冶金行业和重庆区域经济社会一线工作需要的高素质应用型高级专门人才。何为"五结合、五重点"，重庆科技学院将其分为以下五种：

第一，课程体系设置与岗位需求相结合，重点考虑岗位实际需求。

第二，基础理论知识的传授与基本技能培养相结合，重点培养学生的基本技能。

第三，专业理论知识的传授与实践教学相结合，重点强化实践教学环节。

第四，通识教育与职业教育有机结合，重点培养学生的职业素质能力。

第五，校企合作培养、工学结合，重点培养学生的工程意识和实践能力。

（1）课程体系设置与岗位需求相结合，重点考虑岗位实际需求。学校定期走访企业，利用寒暑假，组织队伍分赴企业开展访问交流，主动询问企业行业对人才的需求，并依据企业岗位需求设置课程体系，加强专业课程与实训课程的针对性和应用性。提高专业课程整合的强度，进一步规范课程设置，促进校企合作的人才培养。

（2）基础理论知识的传授与技能培养相结合，重点培养学生的基本技能。基础理论知识包括基础知识和专业知识，基本技能指在知识的基础上，通过实践活动形成的活动方式和心智活动方式。众所周知，以往传统的大学都是象牙塔，学生永远是沉浸在书海之中，缺乏实际运用知识的环节。面对这一困境，学校通过学科专业竞赛、大学生创新资助计划、赛课计划、英语竞赛等方式，将理论知识的传授与基本技能相结合，较好地培养学生创新意识和基本技能。

（3）专业理论知识的传授与实践教学相结合，重点强化实践教学环节。专业理论知识的传授应根据学生未来的职业岗位需求而开展，而实践教学应建立在理论知识传授的基础之上，达到学和用相结合。而实践教学有利于学生获得直接知识和经验，使其能运用理论知识去解决具体问题，也能培养学生独立操作的意识和能力。比较 2015 级本科人才培养方案与 2013、2014 级本科人才培养方案，学校在不断推进实践教学改革，为确保落实职业能力培养，增开了 17 门专业综合实验课程。并与 200 余家国内外知名企业签订了实习基地，平均每个本科专业有 4.5 个校外实习、就业前实践的专门基地。通识教育与职业教育有机结合，重点培养学生的职业素质能力。通识教育培养学生能够独立思考，且对不同的学科有所认识，将不同的知识融会贯通，最终目的是培养出完全、完整的人。职业教育是指为使受教育者获得某种职业技能或职业知识、形成良好的职业道德，从而满足从事一定社会生产劳动所需要而开展的一种教育活动。通识教育与职业教育相结合，能缩短学生踏入职业道路的时间，提高学校学生的就业率，同时也能够提高企业职工上岗工作的效率。目前重庆科技学院已将职业素质能力渗透入人才培养方案以及课程体系中，目的在于培养学生的职业素质能力，为以后踏入职业岗位做铺垫。

（4）校企合作、工学结合，重点培养学生的工程意识和实践能力。校企合作、工学结合注重学生在实践中学习，有利于满足学生就业的需求。学校除了与企业共建实习就业前实践的专门基地、产学研合作基地以外，积极推行大学生社会实践、社会调查工作，对全校形成示范带动效应，促进了大学生的就业产教融合的水平。

四、重庆科技学院产教融合实施要点

对实践型人力资源而言，职业核心能力非常重要。从学生方面来说，拥有职业核心能力能够帮助学生更好更快地适应职业岗位的环境，并在新的环境中习得新的知识和技能，也可以扩大学生毕业后的择业空间，以及自我的提升空间。从企业方面来说，提高企业员工的职业核心能力是企业提高竞争力的内在需要求。总而言之，学生职业核心能力的培养在学校的教育教学过程中尤为重要，不仅表现在对学校和学生的促进作用，还表现在对企业发展的推动作用。其中，学生作为用人单位和高校的桥梁，更加密切了学校和企业之间的关系，通过产教融合，更好地适应了社会。重庆科技学院在设计人才培养方案的时候，将职业核心能力融入了各个专业的课程体系以及日常教学当中。学校所有专业的人才培养方案、课程设置以及教学过程无不渗透着职业核心能力教育的培养。2010 年以来，学校就对各个专业采取了革新人才培养方案的重大举措，各个专业在修订人才培养方案之前，都要派遣学院领导、系主任、专业骨干教师到行业企业调研，弄清楚它们对实践型人力资源的需求和要求，同时还邀请到了企事业单位的专家到学校一同讨论、研究、修订人才培养方案，在这一过程中积极地接受企业（行业）专家的建议和意见，使职业核心能力培养贯穿于人才培养的全过程。尤其是 2013 年重庆科技学院人才培养新方案中两个重要的特点就是：其一，学分结构的变化。降低总学分，提高选修课和实践课的比例，工科类实践教学学分占总学分的 30% 左右（其中实验类课程不少于 5 学分）。其二，在取得学分的途径中也可通过参加与专业有关的竞赛活动获得名次，或参加与专业相关的技能培训获得专业技能证书，符合学校相关规定即可取得学分。课程体系的设计是职业核心能力培养必不可少的一项工作。按照职业核心能力这条主线，加大专业课程整合力度，规范课程设置，推进校企合作育人。一是落实了各级卓越专业技术人员教育培养计划专业在内的 17 个专业，共计设置了 125 门校企合作课程。二是继续推进实践教学改革，确保落实职业能力培养，增开了 17 门专业综合实验课程。三是加强国际化能力培养，增开双语课、全英文课程 54 门。四是加强学生的自主学习能力、研究能力，增开自主学习课程、研究型课程共 79 门。《重庆科技学院本科课程管理办法》第一章第四条中就明确提出：课程应体现实践型人力资源培养特色，注重课程内容与职业标准对接、教学过程与生产过程对接，各专业应构建产教融合、协同育人的课程体系。在此要求下，《重庆科技学院 2013 级本科学习指南》中人才培养方案将课程的分类由以往的公共基础课、公共选修课、专业基础课、专业课、专业限选课、专业任选课、实践课等多种类型调整通识教育课、文理基础课、专业教育课、素质教育课四种类型。为满足职业核心能力培养的需要，重庆科技学院在四种课程类型中分别植入了职业核心能力培养的相关课程或渗透了相关教学内容。

首先，在通识选修课程中开设与职业核心能力培养相关的课程。如开设礼仪与社交、礼仪实训、大学生创业学、创业管理学、企业文化等课程，目的在于加强学生职业核心能力的培养，将职业核心能力中关于社交能力、数据处理能力、协同合作能力、力主解决问题、自我提高能力等渗透到日常的教育教学内容中，取得了较好的效果。

其次，在此基础上，通过开展丰富多彩的社团活动、劳动实践、科技发明、技能大赛、管理实践、社会实践等活动，拓展职业核心能力培养。截止到 2014 年，学校共举办学术、文化讲座 138 场，开展课外科技、文化活动项目 150 项。学生社团 62 个，参与社团学生 5814 人，保障了各项活动有质有量的开展。除了上述的两种途径，重庆科技学院也将职业核心能力的培养积极地在其他课程中开展，使其能够全方位地服务于学生。在日常的教育教学过程中，注重职业核心能力相关内容的教授，能够加强学生对其的理解，并在实际的应用中不断提升。创新高校的大学生"双创"教育是高等学校实施产教融合的有效途径。重庆科技学院深入贯彻落实《关于深化高等学校创新高校的大学生"双创"教育改革的实施意见》，创新高校的大学生"双创"教育参与到人才培养全过程中，并有机结合专业教育与高校的大学生"双创"教育。实施创新高校的大学生"双创"教育，有利于提升大学生的综合素质，增强大学生的创新能力和在创新基础上的创业能力，帮助大学生转变就业观念、培育创业意识、树立创业信心、掌握创业技能、提高创业管理的能力，促进高等学校转变教育思想观念，改革人才培养模式，促进产教融合在高等学校中有效的开展。重庆科技学院于 2012 年制定了《重庆科技学院大学生创新创业培训计划实施细则》，并就开展创新高校的大学生"双创"教育的指导思想、工作目标、主要形式、组织与分工、经费使用与管理、表彰与奖励 6 个方面进行了阐述。通过推行"创新人才培养资助计划""大学生科技研究训练计划"、全校性的"赛课计划"、各类学科竞赛活动、创业培训项目和资助创业实践项目等措施积极鼓励学生参与到创新创业的活动中。一是进一步展开大学生创新高校的大学生"双创"教育。全年开设创业类公共选课程 12 门，吸引全校近 100 人选课并获得学分，选派 6 名教师先后参加了重庆市及全国创业指导师培训。二是细致做好创业训练与实践项目的相关工作。学校第三届大学生创业训练（实践）项目共立项 39 个，35 个项目通过专家组验收结题。全校共有 70 余个团队参与申报学校第四届大学生创业训练（实践）项目，最终经专家评审同意立项 42 项。三是积极举办创新创业活动。成功举办了重庆市第五届大学生创新创业大赛校内选拔赛，承办了重庆市第五届大学生创新创业大赛复赛之沙盘模拟竞赛。四是新建了大学生微企创业孵化园并获批重庆市大学生创业示范基地称号。结合现有条件，与社会单位合作，已成功打造 A、B、C 三个功能互补、层次推进且各具特色的园区，园区共计 3500 平方米，涵盖微企服务咨询、创业实训、创业孵化等多种功能并能为在校大学生提供微企创业一站式服务。一个很好的实例就是石油与天然气工程领域 2013 级的研究生刘宏伟，刘宏伟研制出了 3D 打印抛光机，通过竞价方式以 200 万元转让专利权。最后，他决定组建团队，努力向创新创业的方向继续发展。为响应"大众创业，万众创新"，学校开展了众创空间建设，刘宏伟敏锐地把握时代、把握机遇，成立了重庆百阿腾科技有限公司。高等学校职能之一便是主动服务地方经济，而要服务好区域经济，就需要企业的指导。换句话说，企业才是职业核心能力培养标准的制定者和评判者，亦是职业核心能力培养中的参与者与实施者。唯有肯定企业在职业核心能力培养中的重要作用，才能真正实现产教融合的五大要求，即专业设置与产业需求对接、课程内容与职业标准对接、教学过程与生产过程对接、毕业证书与职业资格证书对接、职业教育与终身学习对接。

重庆科技学院实质性开展"五共同""一个全过程"，即用人单位和高校共同制定人才培养方案、共同组建教师队伍、共同搭建实践教学平台、共同实施教学、共同评价人才培养产教融合的水平，企业参与人才培养全过程。由此可以看出企业在人才培养，以及学生职业核心能力培养中的重要角色。

对于应用型本科高校的学生而言，要尽可能多地参加实习、实训。将习得的理论知识转化为实践经验，并且内化为职业核心能力，这是至关重要的。一方面，企业作为产教融合、校企合作的一方，在与学校共建实验、实习、实训平台中发挥着必不可少的作用。另一方面，重庆科技学院协同企事业单位共同培养人才。通过产教融合、校企合作开设课程，行业企业专家参与教学活动，对课程体系进行优化整合，使课程教学内容与职业标准、教学过程与生产过程对接更加紧密。通过建立实验班，邀请专家到学校讲课，和企事业单位一起培养学生的职业核心能力。在其过程中，企业的角色是必不可少的、无可替代的。在学生参与实验、实习和实训的过程中，企业作为一个社会中的大学，在其中也给学生指导学习的内容、学习的方法，传授实践的经验，使其能够更快地掌握工作技能，为将来学生迈进职业生涯做好铺垫。校企共建实践教学平台是实践产教融合的有效途径。根据教育部关于《引导部分地方普通本科高校向应用型转变的指导意见》的思想，学校要根据工学结合、知行合一的具体要求不断完善学生实验实训实习基地的搭建，依据市场生产部门的生产结构和流程不断完善理论知识体系和实践课程体系。校企共建教学科研平台。在学校内部，与中石油集团公司、重庆钢铁股份公司、中冶赛迪股份公司、重庆市安监局等分别建立了"石油天然气钻采集输技术与装备教学科研综合平台""冶金技术与装备教学科研综合平台""国家工程中心冶金设备重点实验室""化工技术及装备教学科研综合平台""安全工程教学科研综合平台"等。在学校外部，和重庆钢铁股份公司、中国石油集团公司等共建了4个"国家级工程实践教育中心"。学校和企业一起建立培训中心、相关专业和二级学院。重庆科技学院与中石油集团公司联合共建石油工程技术研究与培训中心；与重庆市科委、重庆钢铁集团、美国卡万塔能源公司联合成立了重庆垃圾焚烧发电技术研究院，开发培育出垃圾发电专业方向；与重庆市安全生产监督管理局协同构建了重庆安全工程学院，重点培养高端应用型安全工程人才。每年为石油冶金行业培训 8000 人次，为安全行业培训 12000 人次，为地方技术及管理培训 22000 人次。教师队伍的水平是衡量人才培养产教融合的水平的重要因素，亦是产教融合发展的必经之路。教育部关于《引导部分地方普通本科高校向应用型转变的指导意见》，就明确指出了要培养"双师双能型"教师团队，要重新调整现有的教师队伍结构，完善教师的聘任制度以及评价的方法，同时，根据市场的需求，积极主动地聘请一些应用型的人才。《重庆科技学院本科课程管理办法》中就教师队伍建设提出了明确的指示：建设一支学历结构、年龄结构、职称结构合理，由企业行业专家参与的学术水平高、工程能力强、教学经验丰富的"双师双能型"教师队伍，并通过多项措施来建立双师型的师资队伍。学校采取四项措施打造"双师双能型"教师队伍：一是实施青年教师"三种经历"（青年教师须到企业实践锻炼经历、任辅导员经历、到国内外高校进修经历）计划，大量教师到企业挂职锻炼；二是实行教师实践教学能力考核和实践教学资格认证制度；三是注重引进具有企业工作经验的硕士、博士到校任教；四是直接聘请企业工程技术人员、管理人员担任学校兼职教师和硕士生导师。目前，具有工程实践背景和执业资格的教师约占专业教师的一半。2014 年，学校召开了第一次人才工作大会，确定了"调结构、强能力、打造领军人物"的人才队伍建设思路，按照此要求，学校将大力推进中青年教师能力提升计划的"11121"名师造就工程，即每个学科力争一名省部级以上领军人才、每年选派 100 名教师参加工程实践锻炼、选派 100 名教师参加国内外短期深造、选派 200 名教师参加综合能力提升培训和 100 名教师参加英语应用能力培训。单单 2014 年，重庆科技学院就选送 37 名中青年骨干教师赴国外深造，组织 206 名教师参加校内外培训，攻读博士学位 47 人。

五、重庆科技学院产教融合的经验

重庆科技学院自成立以来，紧密围绕着石油冶金行业升级转型以及重庆市大力发展建设区域经济的契机，紧密跟随国家关于科技发展的战略思想，以传统优势的石油冶金专业为主，主动参与到区域经济的建设当中来，通过深化与相关行业和重庆地区的紧密合作，建立起相关的研发基地和就业前实践平台，吸引校内外各方面的资源与各种企业产业和区域政府科研机构等紧密开展产教融合，致力于提升院校自身的教学水平和服务于相关产业及重庆地区的能力，摸索出了一条独具特色的产教融合的有效发展道路，与此同时也取得了一些成果。如前所述，产教融合的成效，不仅体现在学校建成了一批较高水平的校内外就业前实践平台，完善了实践型人力资源培养模式，也体现在保持了良好的大学生就业率和就业产教融合的水平（初次就业率一直保持在90%以上）。同时，教师队伍的结构也有明显改善，还促进了学科科研的建设发展，不但惠及学校，而且惠及企业。

学校的教学科研任务紧密围绕着相关产业的先进技术需求，致力于在产业和行业上实现技术和应用的创新，以达到为企业创造直接经济效益、服务于企业的长期发展的目的。学校与几十家石油及冶金企业建立起了产教融合就业前实践的专门基地，并向十多家石油冶金企业进行科技人才的输送，通过对企业进行严格的调研来分析企业和行业的近期及未来需求，帮助企业解决具体生产过程中的技术问题和未来可能预计到的问题。学校自主研究和发明的新型低污染钻井液体系、PTS-II井控装备试压自动监控系统设备、方位随钻测井仪等设施都已广泛地应用于国内的石油企业，创造了极为可观的直接经济效益。自主研发的冶金检测相关设备已经应用在60余家冶金企业当中，所创造的直接经济效益高达数十亿。与重庆耐德公司合作开发的冷能利用设备降低了企业对相关进口设备的依赖，节省了大量的经费。自主研制的高性能板带轧制试验系统、铝电解穿孔阳极制备、大极板电解铅自动化生产线成套装备有助于冶金行业的升级转型，创造了可观的经济效益。通过近几年产教融合的实践，重庆科技学院取得了一些成效，在这些成效中笔者总结了以下几个成功的经验：

第一，校企合作共同培养学生的工程技术能力。如该校的化工学院自2005年9月以来，按照该院系的相关规划先后走访了重庆十余家制药企业，对企业的人才需求的实际状况，进行了有效的调研，从而为校企合作产教融合培养高素质实践型人力资源奠定了基础，并最终取得了有效的结果。重庆多家制药企业还投入经费与学校联合培养人才，编写相应的实践教材，产教深度融合已经渐入佳境。

第二，按照产教融合要求完善课程体系。学校以能力为导向，通过与各个企业的紧密合作来开发具有很强应用性和创新性的课程内容，这不仅填补了应用型本科院校在课程设置方面存在的空白，而且通过聘请企业专家和具备生产一线经验的相关技术及管理人员组成学院专业指导管理协会，在平台上构建起了产教融合课程内容体系。

第三，建立稳固的校外实习基地。学校已建立起数百个校外实习基地，并聘请了行业知名人士、企业技术及管理人员及其他专家担任骨干课程的教授，引导学生的实习和教学指导工作。学校通过和企业建立起共建共管的校外实习基地制度，签订了相关的协议，确保了校外实习基地的稳定存在和发展。

第四，建立人才需求网络。学校依托人才市场等中介机构搜集各个方面的信息并展开调研，充分论证产教人融合教育培养人才的效果。通过教师积极深入地参与到毕业生就业指导和就业推荐上，提升毕业生的就业意识，并针对企业的实际需求进行毕业生毕业前教育，提升毕业生的就业率。

第五，加强学生职业素质培养。学校注重对学生职业素养的培养，致力于将企业文化和职业道德融入课程教学当中，学院在课程设置上，将核心的课程内容中 10% 的课时分配给相关行业的专家进行授课，在学校开展产教融合的实践过程当中，学校积极地与有影响力的企业进行合作，结合实际企业行业岗位中的调研来制定教学大纲和教学内容，并优化专业设置和课程结构，甚至还为相关企业开发针对性的专业课程。

第六，健全实践教学过程产教融合的水平监控制度。学校在教学过程中进行严格的管理制度，对教学产教融合的水平和教学过程进行严格的监控和监督，尤其对实践教学的过程进行更加细致的监控和考核评估，因而使得存在于教学中及实践工作中的问题能够被及时发现，并有效解决。在学生完成学业进入社会后，根据毕业生实行跟踪调查，对毕业生、校友、企业反馈等实行监督和产教融合的水平评估。这十分有利于学校产教融合实践的拓展和高素质实践型人力资源的培养。

第七，实践教学真实项目引进。学生在进入专业课学习的过程中，教师会通过自身及学校的相关资源，积极引入企业中的实际项目并带领学生完成整个项目的流程。学生在教学的过程中全程参与到了实际工作项目的实施，完整地掌握了工作流程，并且得到了实际能力训练，为就业提供了良好的经验和工作积累。

重庆科技学院通过多年来不懈努力的探索，对校企合作、产教融合已经积累下了一定的经验，但是学校也同时面临着以下三大问题：第一，产教融合过程中学校基本属于有求于人的一方，加上学校是新建本科院校，在和老牌本科高校进行竞争中还处于弱势，难以形成一个长远而有效的机制。为摆脱这一困境，学校应该抓好三个工作：一是不断增强自身能力；二是主动上门服务；三是用实实在在的成果说话。第二，学校的学术领军人物、学术带头人数量不足，在点上实现技术研发突破比较容易，但是难以完成大项目、形成大成果，难以形成规模效应。所以学校花了大力气引进、培养、用好、留住人才，精心组建学术团队、梯队，而且这是一项长期性的工作，考验着学校的耐心和耐力。第三，科研和教学容易脱节。一开始，有些教师只愿意做科研，另有一些教师只愿意做教学，能够把科研和教学同时做好的教师是少数。所以，学校要从政策、制度、文化建设上加以引导，逐步让教师达到科教平衡。

参考文献

[1] 张强 . " 双高计划 " 背景下加强高职院校党建工作的思考 [J]. 两岸终身教育，2023, 26(1):7.

[2] 伍乐平 . " 双高 " 建设背景下高职院校加强有组织科研的实施路径研究 [J]. 区域治理，2023(9):3.

[3] 李孟 . " 双高 " 建设背景下高职院校学风建设路径研究 [J]. 现代商贸工业，2023, 44(3):3.

[4] 陆兆翔，高嘉悦 . " 双高 " 建设背景下高职院校学生创新创业能力培育路径探索 [J]. 大学 : 研究与管理，2023(1):4.

[5] 万亮婷，魏欢欢，程瑞芳，等 . " 双高 " 建设与 " 互联网 +" 背景下高职院校土建专业课程教学改革与微课应用研究——以《建筑结构》为例 [J]. 砖瓦，2023(1):3.

[6] 冯静 . " 双高 " 建设背景下高职院校国有资产管理问题与策略 [J]. 行政事业资产与财务，2023(5):3.

[7] 高杰 . 双高院校社会服务效率评价研究 : 基于 54 所双高院校的实证分析 [J]. 天津职业大学学报，2023, 32(1):7.

[8] 李存园 . " 双高 " 院校社会服务效率评价研究——基于 DEA 模型的测算 [J]. 当代职业教育，2023(1):10.

[9] 邢菲，钱鉴楠，戎成 . " 双高计划 " 专业群适应产业发展现状及优化策略研究——基于 253 个 " 双高计划 " 专业群的分析 [J]. 职教论坛，2023, 39(2):11.

[10] 徐竹 . 产教融合背景下校企共建航空类专业实训基地的研究 [J]. 科技风，2023(6):3.

[11] 段小凤，朱锋钊，黄雪飞，等 . " 双高 " 建设背景下基于共建共享模式的教材建设与实践——以畜牧兽医高水平专业群教材建设为例 [J]. 成长，2023(3):3.

[12] 薛佳 . " 双高计划 " 背景下旅游类专业课程思政教学设计与实施 [J]. 大学 : 思政

教研，2023(2):4.

[13] 涂辉."双高"建设背景下人工智能职业技能等级划分对人才培养的影响[J].工业技术与职业教育，2023,21(1):5.

[14] 王莹，黄陈，贾纪萍，等."双高计划"背景下高职院校现代学徒制育人模式研究[J].湖北开放职业学院学报，2023,36(4):3.

[15] 孙配显，王晖.高职院校现代学徒制"五双"育人模式的研究与实践——以周口职业技术学院为例[J].中文科技期刊数据库(引文版)教育科学，2023(3):4.

[16] 叶春近，王慧.产教融合推动人才培养模式变革路径探究——以成都农业科技职业学院国家"双高计划"建设为例[J].教育教学论坛，2023(8):4.

[17] 陈琪欣."双高计划"背景下专业群人才培养的探索[J].无锡职业技术学院学报，2023,22(1):4.

[18] 杨文，邝允新，童忠文."双高计划"背景下高职专业群与区域产业集群协同发展机制分析——以湖南铁道职业技术学院为例[J].西部素质教育，2023,9(1):4.

[19] 尹仕美."双高"院校艺科融合创新中心建设途径探索[J].教育教学论坛，2023(9):4.

[20] 高玉双."双高"背景下高水平专业群实训基地建设路径研究——以新一代信息技术专业群为例[J].办公自动化，2023,28(4):4.

[21] 肖晓春."双高计划"背景下民办高职院校多元办学模式现状与创新研究[J].宁波职业技术学院学报，2023,27(2):5.

[22] 许菁."双高计划"背景下高职院校产教融合质量评价体系构建探索[J].汽车维护与修理，2023(2):4.

[23] 许艳丽，蔡璇.基于网络DEA模型的"双高计划"院校产教融合建设成效评价研究[J].现代教育管理，2023(2):82-93.

[24] 周灵娜."双高计划"背景下高职院校"双师型"教师培养路径研究[J].中国科技期刊数据库 科研，2023(1):4.

[25] 朱文秀."双高"背景下民办高校"1+X"试点专业建设研究[J].产业与科技论坛，2023,22(2):2.

[26] 冉嘉洛."双高"建设背景下高职院校师德建设路径优化研究[J].杨凌职业技术学院学报，2023,22(1):4.